U0840660

新版 雅俗文

化書系

樸初題

成语是语言的宝石。

中华成语是语言作为信息工具走向丰富和浓聚的表现。

人类运用语言的同时也在发展语言，丰富语言，改造语言，使之更精练，更形象，更生动。

使用成语能够将思想表达得淋漓尽致。某些简短的成语一旦约定俗成，就会成为一种共用的语言符号，它携带丰富的文化信息，折射出一个民族全部文化的光辉。

成语文化

新版雅俗文化书系

李承赞 主编
刘玉凯 著

·北京·

图书在版编目（CIP）数据

成语文化 / 刘玉凯著．--北京：中国经济出版社，2013.1（2023.9 重印）
（新版“雅俗文化书系”）
ISBN 978-7-5136-2187-8

Ⅰ．①成… Ⅱ．①刘… Ⅲ．①汉语-成语-通俗读物 Ⅳ．①H136.3-49

中国版本图书馆 CIP 数据核字（2013）第 000390 号

责任编辑　宋庆万　张　博
责任审读　霍宏涛
责任印制　张江虹
封面设计　任燕飞装帧设计工作室

出版发行　中国经济出版社
印 刷 者　三河市同力彩印有限公司
经 销 者　各地新华书店
开　　本　880mm×1230mm　1/32
印　　张　7.125
字　　数　154 千字
版　　次　2013 年 1 月第 1 版
印　　次　2023 年 9 月第 2 次
定　　价　39.80 元
广告经营许可证　京西工商广字第 8179 号

中国经济出版社 **网址** www.economyph.com **社址** 北京市东城区安定门外大街 58 号 **邮编** 100011
本版图书如存在印装质量问题，请与本社销售中心联系调换（联系电话：010-57512564）

编 委 页

季羡林序
（第一版“雅俗文化书系”序）

在中国，对于文化艺术，包括音乐、绘画、书法、舞蹈、歌唱，甚至衣、食、住、行，园林布置，居室装修，言谈举止，应对进退等方面，都有所谓雅俗之分。

什么叫“雅”？什么叫“俗”？大家一听就明白，但可惜的是，一问就糊涂。用简明扼要的语句，来说明二者的差别，还真不容易。我想借用当今国际上流行的模糊学的概念说，雅俗之间的界限是十分模糊的，往往是你中有我，我中有你，绝非楚河汉界，畛域分明。

说雅说俗，好像隐含着一种评价。雅，好像是高一等的，所谓“阳春白雪”者就是。俗，好像是低一等的，所谓“下里巴人”者就是。然而高一等的“国中属而和者不过数十人”，而低一等的“国中属而和者数千人”。究竟是谁高谁低呢？评价用什么来做标准呢？

目前，我国的文学界和艺术界正在起劲地张扬严肃文学和严肃音乐与歌唱，而对它们的对立面俗文学和流行音乐与歌唱则不免有点贬义。这种努力是无可厚非的，是有其意义的。俗文学和流行的音乐与歌唱中确实有一些内容不健康的东西。但是其中也确实有一些能对读者和听众提供美的享受的东西，不能一笔抹杀，一棍子打死。

我个人认为，不管是严肃的文学和音乐与歌唱，还是俗文学和流行音乐与歌唱，所谓雅与俗都只是手段，而不是目的。其目的只能是：能在美的享受中，在潜移默化中，提高人们的精神境界，净化人们的心灵，健全人们的心理素质，促使人们向前看，向上看，向未来看，让人们热爱祖国，热爱社会主义，热爱人类，愿意为实现人类的大同之域的理想而尽上自己的力量。

我想，我们这一套书系的目的就是这样，故乐而为之作序。

季羡林

1994年6月22日

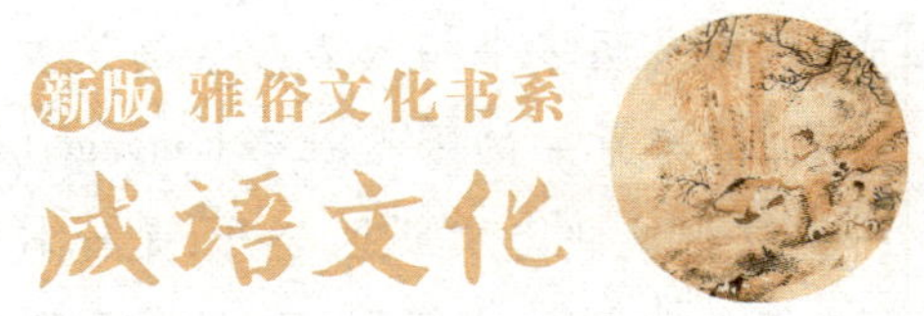

前言 成语是语言的宝石

“雅俗文化”书系里收入这本《成语文化》，我以为是合适的。因为我们知道，成语是汉语言的基本组成成分，是人人离不开的美妙语言。说它有文化意义、文化内涵，是指成语里面包含的文化信息太丰富了。它不但是叙述任何“文化”的一种载体，而且其本身的存在也是一种文化现象。

不过，要想以“文化”的视角来说成语，还得让我们好好地研究一番。首先想到的就是什么是文化，或者问“文化是什么”，这个问题没有更多的人好好地研究，到是在文化的名义下做了很多文章。

汪荣祖先生在《书窗梦笔·说模仿》中说，他“四十多年前在大学念书时，徐子明老师曾在课堂上详细讲解什么是文化、什么是文明，今日仍依稀记得”。那就是：“文化乃是经过人类脑力激荡所耕耘出来的精神与物质成果，而文明多半指人类社会高度发展后所呈现的繁荣景象，故与落后的野蛮社会(savage)作尖锐的对照。”这一说法把文化与文明区分开，是比较明确的概括。所谓的“精神与物质成果”，正好说明了文化作为文明的成果，应该包括物质文化与非物质文化。文明则是人类创造的全部文化所呈现的繁荣盛况。

笔者认为文化就是人类对应世界存在的人类行为现象，孤立的自然不是文化，孤立的蒙昧也不是文化。只有把时间认定为历史，把现实认定为意义世界，人才成为人，文化也就从而产生。法国符号学家格雷马斯在《结构语义学》中说：“在我们看来，人类世界本质上可定义为意义的世界。世界只有意谓什么才称得上是‘人’的世界。”“因此，只有在探寻意义的活动中，诸人文科学才能找到它们的共同点。因为，如果说各门自然科学在探知什么是人和世界的话，那么诸人文科学就是以多少有点明晰的方式给自己提出了人和世界意谓着什么的问题。”

在研究人与世界意谓着什么的问题时，语言研究最具有重要的地位。格雷马斯因此说：“就意义问题的界定这一共同愿望看，语言学最有资格当此重任，因为这门学科得到了更为详尽的阐述，更形式化，可以向其他学科提供它的经验和方法。故此，在20世纪50年代的法国，语言学压倒其他学科，获得了‘主导学科’这一令人羡慕的称号。”

从人类学的意义上来说，把文化、文学分别为俗与雅，是最简单的判断，也是最不懂历史的研究。语言从口头到书面，从书面又到口头，从俗到雅，从雅到俗，它是一个循环不断的对流过程。以成语来说，一个成语的形成，或者源于雅，或者源于俗，并不是一个固定的发源。即使是先秦诸子书里的故事、寓言形成的成语，有很多也应该是从民间口头产生的。与其研究什么是雅文化，什么是俗文化，还不如面对文化，研究其语义。成语的语义，正是我们研究的重要课题。

这项研究应该包括成语源流和发展，成语世界与相对应的现象世界之间的关系，也包括研究成语的应用中存在的若干错讹，还有我们如何从语言的意义上，以及从非语言的意义上对待成语。这些纯理论问题，我们试图从通俗的意义上来谈，以达到既增长知识，又提高阅读趣味的目的。

考“成语”一词，在古代文献中是有意义变化的。汉语最早出现的词全是单字词，就是一字一词。后来出现的双音词，应该算最早的所谓“成语”，就是天命、哲人、明德、不淑、难忱、上下、先民、君子、爪牙等都算成语。到了出现四字成语，它肯定标志了语言发展到比较成熟的阶段。楚辞、汉赋中早就出现了成语，说明中国的成语产生得很早，但再早也早不过单音字的产生。先有单音字，再有双音词，再后来出现成语。这表现出了语言本身的完备走向，也表现出人类生活不断走向文明的复杂信息。成语中有历史，有哲学，有风俗，有信仰，有生活的各种材料。研究这样的语言大细胞是非常有趣味的事。

中国的成语研究是一直备受人们关注的课题。出版的书,发表的文章是很多的。笔者不想对成语作一般性的语言研究,因而重点放在构成成语背后的文化信息方面,也就是进行文化研究、民俗研究。愿这一研究能够得到大家的支持。

这本书应该算我研究语言的第三本书。我喜欢研究语言,只因为语言是构成文学的一个最重要的材料。我喜欢研究文学语言、研究语言文化,而不是工具性地研究语言。关于文学语言的研究,我们的成果真是不多,语言作为一个存在,只是个符号,使用语言的人,在对符号的运用中,是有自己的创造的。一个简单的词如此,要是一个成语就更有丰富的含义了。如"勇往直前",就不知道有多少理解。

时间正是中秋,我是最喜欢在秋季工作的,白天有太阳和蓝天,夜晚有星星和月亮,是一种人生享受。编辑信任和不断督促,让我不敢懈怠,加紧工作。我从九月一日开始工作,此前全是资料准备,进行得顺利。但是写写停停,不断有别的事情干扰,现在终于写完了全书各章。篇幅所限,未能尽兴,也只能这样交稿了。我把这本书献给我的家人、学生、朋友,还有无私的太阳和蓝天,星星和月亮。

新版 雅俗文化书系

成语文化

目录

季羡林序（第一版“雅俗文化书系”序）

前　言　成语是语言的宝石

第一章　成语的源流

第一节　风行水上偶成文——成语就是“现成话”　3

第二节　淘尽黄沙始到金——成语是一种文化积淀　9

第三节　落花盖水俗成云——成语之源　15

汉族人民历代口头使用的成语/少数民族创造出的汉语俗成语/随着社会前进、时代发展而产生的新成语/源于古籍但已通俗化的成语/现当代社会中新用语也可固化成新成语

第四节　手提文锋百炼成——生成成语的文献　22

第五节　万里西来了宿缘——成语的丝绸之路　24

佛经用语成为成语/佛经故事演化为成语/佛经中的譬喻生成成语

第六节　工兼众语媚韶华——域外成语，融入中华　31

第七节　语不惊人死不休——文学名著，生成成语　34

第二章　成语与风俗文化

第一节　包容大地与山河——成语中丰富的文化内涵　43

第二节　龙盘九鼎镇皇都——成语与中国鼎器　46

第三节　万事称好孔方兄——成语与钱币文化　50

第四节　勤求贤隽食不遑——成语与饮食文化　55

第五节　儿着绣衣身衣锦——成语与服饰文化　58

衣与成语/冠戴与成语/鞋袜与成语/首饰与成语/化妆与成语/服饰与社会等级

第三章　成语对人生的塑造

第一节　公不百年,后学思之——成语与读书进学　79

第二节　殊途同至,厚德载物——成语与道德修养　86

第三节　江山美人,尽得风流——成语与男女风仪　100

第四节　寂寥虚境里,何处觅长生——成语与健身养生　111

第四章　成语的趣味性

第一节　情亲见今日,语妙记当年——成语的亲和性　119

第二节　故事犹如此,新图更可怜——成语的故事性　125

第三节　一句言语可立碑——成语的哲理性　131

第四节　诗成寄与我,锵若金和丝——成语的诗趣　139

成语中含诗句/成语有诗的抒情性/成语的诗律美

第五节 义理浩无涯，经纶孰知要——成语的多义性 148

第六节 窘步同行乐，道文互屡看——成语的互文性 155

第七节 古镜铭文浅，神方谜语多——成语中有谜语 158

第五章 正确使用成语

第一节 金屑眼中翳，衣珠法上尘——语义原意，不可不究 164

第二节 诸儒主褒贬，毫发未容讹——语义褒贬，不可不分 168

第三节 为世立范围，正色斥诐淫——语义范围，不可失当 171

第四节 难字逢人问，村中一小儿——成语别字，不可不除 172

因为读音相同而出现的误字/因为形体相近难以分辨而出现的误字/因为字音相同形体相近而出现的误字

第五节 吏抄诗懒多讹字，童治餐迟少嫩蔬——成语错用，以讹传讹 177

第六节 悲歌泣鬼神，妙语无余少——活用成语，写出妙文 178

换位成语/仿词成语

第七节 此语创闻真快绝，非阿所好理当然——翻改成语，天不会塌 180

第八节 因君笔墨多新语，满路云山得美名——旧语不死，新语繁生 181
第九节 尺盛尺弱分两歧，句拙语俗意有疵——成语好用，也不万能 183

第六章 成语与名人轶事

第一节 杨度风流，“不堪回首” 189
第二节 严复发明，“物竞天择” 190
第三节 章太炎称说，“青出于蓝” 194
第四节 蔡元培抽思，“兼容并包” 196
第五节 鲁迅神思，“南腔北调” 197
第六节 鲁迅调侃，“卷土重来”与“至死不变” 200
第七节 辜鸿铭师尊，“约法三章”“呜呼哀哉” 201
第八节 熊十力绝唱，“天上地下，唯我独尊” 205
第九节 潘光旦幽默，“四体投地” 207
第十节 张作霖霸气，“寸土不让” 208
第十一节 杨葆初故事，“盗亦有道” 209

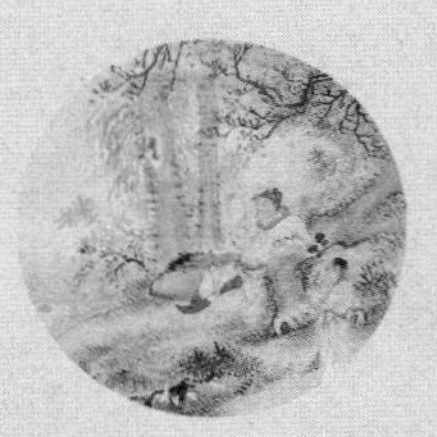

第一章

成语的源流

第一节 风行水上偶成文

——成语就是“现成话”

什么是成语，我们慢慢说，可以先看一下事实。大家知道，中国人说话、写文章谁也离不开成语。这些已经习惯的口语，你不由自主地张口就来，而且用得恰到好处，不会出大错。见到书上有人讽刺使用成语是咬文嚼字、掉书袋，那是没有看到成语使用的普遍性、通俗性，研究语言不能太学院化，要从语言现象着手。

其实成语真的一点也不神秘，即使是不识字的人，说不定每天也会用很多的成语。比如责备一个人没记性，就说：“你怎么没心没肺的！”送朋友远行，就说：“祝你一路顺风！”形容人们日夜赶路，就说：“你们是披星戴月，风雨兼程！”鼓励大家敢于发表个人的意见，就说：“各抒已见，百花齐放，言者无罪，闻者足戒！”一连串说了四个成语，简捷而明快。形容国家安定繁荣，就说：“现在是国泰民安，太平盛世，人民安居乐业！”即使同小孩子说话，也可以说：“不要吞吞吐吐，遮遮掩掩，要开言痛语，实话实说！”谁能离得开成语呢？

到书店一看，很多书名也使用成语，如满城风雨、闭门造车、锦片前程、春暖花开、多多益善、反客为主、门当户对、逃之天夭、百花齐放、天地玄黄、星火燎原、暴风骤雨、邪不压正等都有人用作书名。

标语口号因为追求简练,更有很多成语,如自力更生、增产节约、力争上游、移风易俗、实事求是、一路顺风、后来居上、勇往直前、克勤克俭、奋发图强、精益求精、救死扶伤等,都曾经出现过,没有人说不懂。

其他常用成语如勤学苦练、有头有尾、无动于衷、置若罔闻、雷厉风行、大智若愚、惊天动地、虎头蛇尾、仗势欺人、走南闯北、货真价实、高山流水、兵强马壮、坐收渔利、好大喜功、少魂没智、光宗耀祖、开言痛语、说三道四、嘴大眼小、胡说八道、一帆风顺、吐气扬眉,等等,谁不会说?可见,成语离我们生活很近,是我们日常口语与写作没法离开的语言现象。

当然成语中也有一些是标准的书面语,比较偏僻,也并不好懂,这些成语主要流行于专业的文史著作中,是为了给文章带来典雅和高妙,如分道扬镳,这一成语出自北齐魏收《北史·魏诸宗室·河间公齐传》中北魏孝文帝的一段话:“洛阳,我之丰沛,自应分路扬镳。自今以后,可分路而行。”

◎ 元志与李彪:分道扬镳

这是发生在南北朝时期的故事。东晋十六国之后,中国历史进入南北分裂、南北对峙的局面,史称南北朝。北魏是北朝第一个王朝,于十六国时期由拓跋鲜卑所建,前身为代国。前秦于淝水之战崩溃后,代王拓跋什翼犍之孙拓跋珪举兵复国,改国号为魏,这就是北魏。孝文帝是北魏第六位君主，是杰出的政治家。他五岁登基，二十四岁时正式接替祖母文明太后执掌政权，紧接着便开始了文治政策。公元493年起，孝文帝以南征名义，将都城从平城(今山西大同)迁至曹魏故都洛阳。在洛阳，进行了政治、经济和文化上的许多改革，如历史上最具影响的有推行均田制、改革鲜卑旧俗、实行汉化政策等，很好地促进了各民族的大融合。分道扬镳的故事，便发生在这场大改革中的都城洛阳。

在孝文帝时期的北魏宗室中，有一个叫拓跋齐者，后更姓改叫元齐，因为富韬略，善统兵，为灭赫连夏、北燕等建立了不世奇功。孝文帝封赏他为浮阳侯、浮阳公，后封他为河间公。元齐之子元志才华出众，能力超群。孝文帝很赏识这个元志，任命他为洛阳令，主掌洛阳地方政事。后来，孝文帝采纳了御史中尉李彪的建议，从山西平城搬迁到洛阳建都。这样一来，洛阳地位陡升，贵为一国之都，洛阳令成了京兆尹。在洛阳城，元志因而很骄傲。一天，他外出游玩，恰巧碰到一个叫李彪的官员乘坐马车从对面飞驰而来。这个李彪，字道国，精通典章，深得孝文帝信任，此时已经任职御史中尉，与尚书仆射出游，共同居住在洛阳东阳门外的昭德里，官位比元志高出许多。

李彪、元志二人相遇，互不相让，来到孝文帝面前评理。一见孝文帝，李彪称说他是御史中尉，官职比洛阳令大多了。元志丝毫不让地说，他是国都所在地的长官，住在洛阳的人都编在他主管的户籍里，御史中尉也不例外，李彪给自己的属地长官让道是应该的。孝文帝听了便笑着让他们分路而行，说："洛阳是我的京城。我听了，感到你们各有各的道理。我认为你们可以分开走，各走各的，不就行了吗？"两人听后称是。元志和李彪从朝廷出来后就拿着尺子，将经常通行的道路进行了丈量，各取一半，从此各走各的道。此后，“分道扬镳”一语便逐渐流行开了。

像这样的情况是很多的。如：

口沫手胝，指读书人诵读得唇焦口干，拿书的手生了茧子，夸张地形容对书读得特别熟。

难得糊涂，是说世界真假难辨，让人没办法认真对待，与其头脑清楚，不如故意糊涂点。这并不是谁都能够搞清楚的。时下民间流传着郑板桥的字画“难得糊涂”，这是很绕弯的一个成语，有人将它挂在口头，还挂在室内，其实是不太明白那成语的意思。说实话，只有特别聪明的人才能这样自负、自诩、自夸，我们一般人是不敢这样得意的。

怙恶不悛，出自《左传·隐公六年》：“君子曰：‘善不可失，恶不可长。其陈桓公之谓乎！’”原作“长恶不悛”。后多作“怙恶不悛”，是说对待恶事要制止，不能任其发展。并不常用。

折冲尊俎，也是个不太常用的成语。原指诸侯国会盟的宴席上制胜对方，后泛指进行外交谈判中得到胜利。这样的词不能在别的场合随便用。

在生活中并不常用的，还有“故简残编”，也称“断简残编”，原指出土的不完整的旧书简。中国古代造纸发明之前，我们使用过竹简记录文字，因此有“断简残编”之说，后来泛指残缺不全的书籍。见于北周的庾信《谢滕王集序启》：“某本乏材用，无多作述……至如残编落简，并入尘埃；赤轴青箱，多从灰烬。”

纠讹订舛，是指校勘中的工作，需要纠正错讹。《四库全书总目》载：“《贞姑传》中所云王安人者，乃史氏之妇，非闰妻。颇有纠讹订舛之功。”

提要钩玄，意为精辟而简明地指出主要内容。提要，就是指出纲要；钩玄，就是探索精微。唐代韩愈《进学解》有云：“记事者必提其要，纂言者必钩其玄。”

鲁莽灭裂，形容行动粗鲁莽撞，做事草率，不负责任。灭裂：轻率。出于《庄子·则阳》：“君为政焉勿卤莽，治民焉勿灭裂。”这是老祖宗的话，已经告诉我们从事政治不能过于草率莽撞潦草，不负责任。这也许应该成为对某些执政者的警示，但是它却没有流行，也是个悲哀。

青灯黄卷，指在微弱的灯光下用功读那些纸头发黄的书，是形容用功读书的词。青灯，旧时的油灯。黄卷，指书籍。古代纸张多用黄色的药剂涂染，以防虫蛀，亦作“黄卷青灯”。语出南宋爱国诗人陆游的《剑南诗钞·客愁》：“苍颜白发人衰境，黄卷青灯空苦心。”今天有个贬义的说法叫“钻故纸堆”。似乎做学问不必这样用功才对，难怪有很多的古籍现在已经没有人读了。

以上很多成语不常用，是因为学术上我们还没有恢复认真刻苦读书的气氛，这也是一种文化标志。也许因为我们喜欢生活于世俗的风气和文化中，没有很多的人肯于深入求知、用功读书、认真钻研，有些关于学术研究的成语很少使用了，更不必说“闲云野鹤”“孤云逸客”这些成语了，现在找不到几个能够超然物外的人。有些成语只

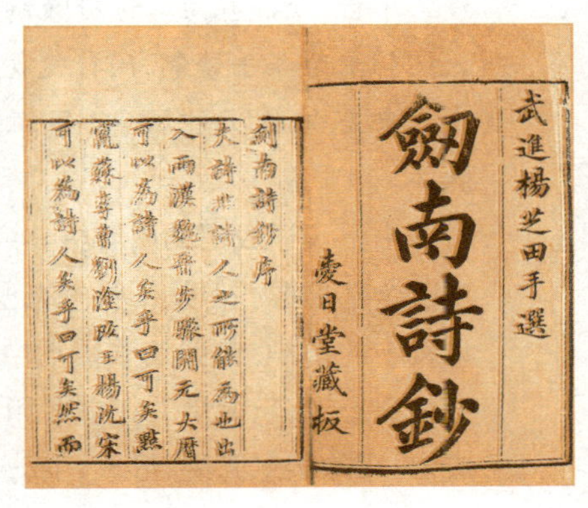

◎《剑南诗钞》

能用于特殊的人物了。

闲云野鹤，比喻闲散安逸不受尘事羁绊的人。闲，无拘束，如飘浮的云，自然中的鹤。旧指生活闲散、脱离世事的人，多指隐士、道士。也就是唐代文学家刘禹锡《陋室铭》所谓："谈笑有鸿儒，往来无白丁。可以调素琴，阅金经。无丝竹之乱耳，无案牍之劳形。"《全唐诗话》卷六载，僧贯休，姓姜氏，字德隐，婺州兰溪人。钱镠自称吴越国王，贯休以诗投之曰："贵逼身来不自由，几年勤苦踏林丘。满堂花醉三千客，一剑霜寒十四州。莱子衣裳宫锦窄，谢公篇咏绮霞羞。他年名上凌烟阁，岂羡当时万户侯？"这诗写得实在是好。钱镠下谕，让他将诗中的"十四州"改为"四十州"才肯相见，说明他有收复四十州的抱负。贯休却坚持不改："州亦难添，诗亦难改。然闲云孤鹤，何天而不可飞？"意思是说，那算了吧，我也不想改，你留不留我没有关系。我是闲云野鹤，飞到哪也能够站得住。遂入蜀，以诗投王建曰："河北河南处处灾，惟闻全蜀少尘埃。一瓶一钵垂垂老，千水千山得得来。秦苑幽栖多胜景，巴歈陈贡愧非才。自惭林薮龙钟者，亦得亲登郭隗台。"建遇之甚厚。建二年春，令诵近诗。时贵戚皆坐，休欲讽之，乃称《公子行》云："锦衣鲜华手擎鹘，闲行气貌多轻忽。稼穑艰难总不知，五帝三皇是何物？"建称善，贵幸皆怨之。王建爱才，还有点胸怀。

由于汉语成语的内容极其广泛，语言的格式也丰富多彩，难以全部把握。但是不管怎么说，应该承认，成语是中华民族语言中的精华，它在汉语语汇中占有极其重要的地位。它最具有活态性，它大量活在书面和口头语言中，而且不断生成新成语，它的表意简练、形象、生动，历来为人们所喜爱。

第二节 淘尽黄沙始到金
——成语是一种文化积淀

成语是一种特殊的语言。关于语言的产生问题，在西方有过语言神授说，见于《圣经》，说是诸神教给了人们如何使用语言。那么神的语言是谁教给他的呢？这话是不能问的。直到十七八世纪，语言神授说仍主导着大多数学者的思维。但是，一些有头脑的学者开始用普适的眼光看待这个问题。最著名的有三位学者：孔狄亚克（1714—1780）、卢梭（1712—1778）、赫尔德（1744—1803）。孔狄亚克的《人类知识起源论》讨论了人类语言的起源；卢梭在1775年出版的《论人类不平等的起源》中也论及同一问题，后来他又写了一本《论语言的起源》，在他逝世四年后问世。

◎ 孔狄亚克

赫尔德的《论语言的起源》最具影响。18世纪中叶以后，语言起源问题已成为欧洲学界关注的焦点，许多学者加入辩论。1769年，柏林普鲁士皇家科学院设立专奖，以征求有关语言起源问题的最佳解答。来自欧洲各国的几十位学者参加了竞争。

一年后，最终有三十篇论文呈交科学院。在这些用德文、法文或拉丁文写成的论著中，有六篇受到评审人士的高度称赞，但是获得科学院奖并由科学院指定出版的只有赫尔德的《论语言的起源》。赫尔德不同意卢梭和孔狄亚克主张的“约定俗成或社会规约说”。赫尔德提出，必须以人类自身为出发点，以日常事实为依据探索语言的起源。他强调，语言并非先验之物，而是感性活动的产物，所以，语言起源问题只能用经验的、归纳的方法来解答。这是著名的也很明智的论断，“当人还是动物的时候，就已经有了语言”。这是赫尔德的名言。也就是说，语言产生于人类的动物性本能。语言是人类自然的、自发的东西。人初次本能地运用悟性，便创造出了语言。感觉是一切概念和抽象表达的唯一来源。

◎ 卢梭

关于语言是什么，达尔文认为：“人和其他动物的差别只在于，在人一方面，这种把各式各样的声音和各式各样的意念连接在一起的本领特别大，相比起来，几乎是无限大；而这套本领显然是有赖于他的各种心理能力的高度发达。”就是说人类有语言，与动物能发声是一样的道理，但是人有高等的能力，比动物复杂。可见，人的语言是比动物进化了的发声。

有人不同意也不接受这个论断，如洛克，他认为人类的特殊能力在于把声音“用作内在概念的符号，使它们成为代表内心观念的记号”。西塞罗说：“词语是事物的符号。”人类理性和动物智力属于不同的种类，不只是程度上的差别。人类语言和动物的呼叫属于不同种类。例如，亚里士多德就说，自然唯赋予人类以“语言的天赋，单纯呼叫则只是表示喜怒，在其他动物那里也会出现”，而人类却有能力讨论何为权宜之计何为公正，这一事实使人类的群体性就不同于动物的结伴成群。笛卡尔认为，人类有两个方面不同于动物，其一是语言。他极端地说，在人当中，即使是白痴也能够把不同词语结合成为句子，但是动物就做不到这一点。这并非由于它们的发声器官与我们根本不同，而是动物同人比，较少理性。所以应该说，动物语言与人的语言有根本的区别。动物只是信号语言，它们不可能有概念和成语，因为它们没有记忆。动物的语言只能是对当下发生事情的反应，不能叙述历史，没有典故。人类却不同，我们不但能够对当下的情境做出反应，而且能够叙述远离现实的历史生活，也能够描述根本就不存在的生活，还能够表达一种抽象的概念，并且进行推理联想。这一点对于我们研究成语是很有用的。

◎ 亚里士多德

成语是中国文化的主要集成符号。在汉语语言中，成语的存在是个最值得研究的语言现象。成语在语言中的大量出现是语言作为信息工具走向丰富和发达的表现。人们运用语言的同时也在发展语言，丰富语言，改造语言，使之更精练，更形象，更生动。人们发现有些很复杂的意思使用一个成语就能够表达得淋漓尽致。某些简短的成语一旦为人们约定俗成，就会成为一种共用的语言符号，以增加语言传播的信息量。久而久之，口耳相传，或从口头到书面，又从书面到口头，成语就这样以大家所认可的形式流行起来了。

现在我们来说说，什么是成语呢？

“成语”作为一个词，就是一种精粹的“现成话”。在中国古代文献中，早就出现过“成语”这个词，但是与现在我们说的成语概念有些不同。那是指定制的词语，就是被公认而使用的习惯词语，不仅仅指今天的成语。但是，我们可以说，成语应该是更加“定制的词语”。

元代刘祁《归潜志》卷十二中就是这样用的：“古文不宜蹈袭前人成语，当以奇异自强；四六宜用前人成语，复不宜生涩求异。”他说的“前人成语”，就是过去已经出现的惯用语言。

清代的李渔《闲情偶寄·词曲上·音律》中也说过：“凡作倔彊聱牙之句，不合自造新言，只当引用成语。”他是反对写文章自造词。凡是自造的词，都缺少约定俗成的性质。姜昆武《诗书成词考释》中说：“在目前的汉语语词研究中把四字句熟语称为成语，这是很妥当而科学的，因为它大体是一个真实的语句。但自宋以来，有人把诸如‘不吊’‘陟降’一类的双音节词组也称为成语，这很不妥当。”也是指现在我们通用的词语。

在现代语言学中我们说的成语，是指我们经常见到、经常使用的四字成语。对它的定义，并不是很明确。有一种说法是："成语是我国汉字语言词汇中一部分定型的词组或短句。"如果说"定型的词组或短句"就是成语，那正好说的是古代"成语"的概念。古代的名词、动词、形容词、副词，那些短语，如谚语、惯用语、歇后语都是定型的语言。又比如说，"成语有固定的结构形式和固定的说法，表示一定的意义，在语句中是作为一个整体来应用的"。那么，自行车、电脑、喜马拉雅山、联合国、太平洋，也有固定的结构、固定的说法，这也是不能随便改动的。那只是《归潜志》里所说的成语，不是我们说的成语，姜昆武先生说应该叫"成词"。

窃以为，现代语言学所谓成语，一般是流传广，传播快，在辗转使用和传播的过程中，群众参与加工、压缩，逐渐形成一种丰富凝练的语言符号。它是曾经为大家熟知的一个故事（如：皇帝新衣、八仙过海）、一段历史（如：焚书坑儒、三请诸葛）、一种情境（如：四面楚歌、大浪淘沙）、一个人物（如：精忠报国、不食周粟）、一种事像（如：怒发冲冠、八仙过海）、一个概念（如：超凡脱俗、清静无为）的缩写形式。它不仅仅是一个简单的词，更是一个意群，是一个短语。这样的意群，反复使用、承传不已，不仅凝结成了相对稳定的事典集合，而且产生了丰富的语义外延。在语言运用中，如果每次说话都

◎ 西塞罗

要有始有终地复述一遍,不但特别麻烦和没有必要,也不大可能说得周全。于是用一个意群符号代替,是最好的办法,这就产生了成语。借用电子学的概念来说,它就是一个小小的集成电路。

成语是语言使用过程中自然形成的集成电路。这种形式一般没有确切的发明人,是约定俗成的语言现象。也不是仅仅存在于汉语中的现象,世界上其他国家、其他民族的语言也同样如此。一个成语作为一个经过压缩的语言原件,里面包含了丰富的文化信息和语言信息。我们使用它已经习惯了,很少有人想过打开这个压缩包,仔细看看里面到底有哪些文化内涵。就好像我们使用集成电路一般也不想拆开它一样,只要好用就行了。这样可能会让人遗忘成语的本来意义,不过大抵也不会用错。这样语言变得生动了,也模糊了,变得有了理解上的许多障碍。不过,这样的障碍在使用中会逐渐消解掉。赵树理在《金字》中写道:“我想了一阵,想出个模棱两可的成语来,写了‘有口皆碑’四个大字。”他不是自己造出来的,是想到了前人用过的现成话“有口皆碑”。茅盾《子夜》里的吴荪甫发展民族资本主义的野心很大,写到他的未来幻想:“轮船在乘风破浪,汽车在驶过原野。”精确而且恰如其分。

因此,我们说,成语是语言的极致。因为它是最浓缩、最精彩的语言符号。成语的产生主要是凭借了传播和积淀。德国著名的文艺理论家和语言学家赫尔德认为语言的特质就是该国文化的特质。词汇是语言的重要组成部分,是文化积淀的产物和反映。如果说成语来源于经典著作,或者只说来源于口头,那都是不全面的说法。应该承认传播、应用、加工,是一个不断进行的过程。从口头到书面,再从书面到口头;从这个人的口,到那个人的口;从这本书到那本书:口耳相传,词语共享,是形成成语的一个机制。

在语言形式上,成语不可能全是四个字,这也是约定俗成的,三个字、五个字、六个字、七个字,甚至十个字等的成语也有,如“莫须有”“欲速则不达”“五十步笑百步”“醉翁之意不在酒”“行百里者半九十”“路遥知马力,日久见人心”,其实也是成语,不过为了研究的需要,我们可以规定,四字之外的那些词语,可以叫惯用语、俗语、谚语等。

一个外国人,学习了解中国语言,最难的也是最应该努力把握的也许就是成语和典故。同样,对于一个初学中国语言的小学生或中学生,正确使用成语也是很重要的学习内容。

由上所述,我们可以肯定:从文化的意义上研究中国成语,是一个跨学科的课题。我们在这本书里想研究成语的文化内涵,显然这是一个特别有趣的研究。

第三节 落花盖水俗成云
——成语之源

要说成语的来源,可是个非常有意思而又有点复杂的问题。我们还是从实际说起吧。我们现在运用的成语中最古的那些差不多都是源于经书,许多是源于先秦诸子的著作。因为先秦的书少,有限的一些书能被反复使用是它们的幸运。一段语义,经过无数次的重复后就会凝结成晶体,人们就希望将叙述形式简化,浓缩到只用几个字就能代替。这就是成语。

只有书呆子才会说成语只是从经典著作中来的。一位研究语言的学者认为,成语都是从经典著作中提炼出来的,因此"通俗成语"之说不能成立。既然如此,我们要问一句很平常的话:"经典又是从哪里来的呢?"现在流行的那些公认的经典不是有很多来自通俗的典故吗?谁有本事能够说出什么是通俗,什么是高雅,将通俗与高雅分个清清楚楚呢?

中国古代诗人、作家是尊重民间俗语和成语的,这是个事实。同样,民间的许多口头语言也从书本学到不少。这好像是鸡与蛋的关系,究竟哪个在先,哪个在后,谁从谁那里生成的,这怕是说不清也没有必要说清的一笔账。在文化传播中这是个对流现象。

概括起来,民间俗成语存在的情况如下。

汉族人民历代口头使用的成语

考察历史材料,可以明显地看出:宋元以来汉族语言中大量出现俗成语是一个值得注意的现象。它和社会商品经济的繁荣,市民阶层在社会生活中地位的提高有直接关系。与之相关的是白话小说大量出现,讲唱文学风靡一时,久盛不衰,民歌、俗曲、杂剧大量出现。由于汉族人民分布在祖国各地,给这些成语带来了不同程度的地方色彩。如:

失张失智:举止失措、失神落魄的样子。明代冯梦龙《古今小说·陈御史巧勘金钗钿》:"常言'人贫智短',他恁地贫困,如何怪得他失张失智?"

乱七八糟:形容无秩序,无条理,乱得不成样子。清代曾朴《孽海花》第五回:"你看屋里的图书字画,家伙器皿,布置得清雅整洁,不像公坊以前乱七八糟的样子了,这是霞郎的成绩。”

七拱八翘：原指物体的表面不平整，高高低低的样子。也用来形容人与人之间的关系不和谐或心情不舒畅。比如说：“这个组织里的人七拱八翘的，不能和谐。”或者说：“最近心情极为不安定，总觉得七拱八翘。”

三香六臭：这个香那个臭的，与这个人关系好，与那个人关系又不好。比喻人际关系不太正常。比如说：“他这个人不善于团结人，与人交往三香六臭。”

天打雷霹：受天的惩罚，下雨打雷时遭了雷击。旧时的说法：如果在人间不做善事只做恶事，老天是长了眼的，就会给予惩罚。口语中也说“天打五雷轰”。

出乖弄丑：出了丑，丢了脸。金代董解元《西厢记诸宫调》卷下：“已恁地出乖弄丑，泼水再难收。”这里的“乖”，是偏执，不驯服，与众不同的意思。可是，与众不同就一定不好吗？什么都跟别人一样就肯定好吗？这就很难说了。《西厢记》的好处就是与传统说法不同。

半村不俏：也作“不村不俏”，是形容人的样子打扮得不土不洋的；不算土气，也说不上俏丽。多指女性给人的朴实印象。

过桥抽板：自己过了桥，便将桥板抽走。意同“过河拆桥”。比喻目的达到后，就把帮助过自己的人一脚踢开。这是对一些人道德不良的批评。清代曾朴《孽海花》第三十回：“只要你不要过桥抽板，我马上去找他们，一定有个办法，明天来回复你。”

争光露脸：争名争利，好出风头。从来就含有贬义。露脸，这个说法特别形象，就是喜欢出头露面，在人前晃来晃去，混个脸熟。这个成语现在多是简化为“露脸”。这是个很形象化的词。鲁迅先生在《说面子》一文中说:"'面子'究竟是怎么一回事呢?不想还好,一想可就觉得胡涂。它像是很有好几种的,每一种身价,就有一种'面子',也就是所谓'脸'。这'脸'有一条界线,如果落到这线的下面去了,即失了面子,也叫作'丢脸'。不怕'丢脸',便是'不要脸'。但倘使做了超出这线以上的事,就'有面子',或曰'露脸'。而'丢脸'之道,则因人而不同,例如车夫坐在路边赤膊捉虱子,并不算什么,富家姑爷坐在路边赤膊捉虱子,才成为'丢脸'。但车夫也并非没有'脸',不过这时不算'丢',要给老婆踢了一脚,就躺倒哭起来,这才成为他的'丢脸'。"这样的文章是绝妙好辞。

抛声调嗓:拿腔拿调地说话。这是对说话做作的批评。

弄鬼掉猴:比喻调皮捣蛋,做人做事没有规矩,没有一点人样儿。清代曹雪芹《红楼梦》第四十六回:"买了来三日两日,又弄鬼掉猴的。"

婆婆妈妈:说话啰里啰唆的,像个老妈妈似的。

臭短臊长:张家长李家短的。

调情斗口:言语轻狂、打情骂俏的样子。

开言痛语:痛痛快快地说话,不必转弯抹角。

少数民族创造出的汉语俗成语

中华民族由五十六个民族组成。我们的民族政策规定:各民族都有权使用本民族的语言和文字。但是这并不妨碍兄弟民族间进行语言文字交流。许多少数民族语言中创造的大量成语有很多直接译成汉语流行在人民群众中,丰富了汉语俗成语。这一些成语的形成经历了很多的演变,是汉语中最值得注意的现象。可惜无人好好地研究。如:

挤蛇出脚:藏族成语。蛇是没有脚的,硬把蛇挤出脚来,那是逼迫的意思。

积针成锥:藏族成语。针很细小,但是集在一起,也有锥子那么粗。就是积少成多、积小成大的意思。

线随针走:藏族成语。穿针引线缝东西,线当然只能跟着针走,比喻做事很随和,总是跟在别人的后面。

就皮割弦:藏族成语。就着别人摊开的一张皮革,在上面割出皮弦来。汉语中也有类似的成语就坡骑驴、就水和泥,意思是差不多的,就是利用现有的条件来做事。

借水还酒:藏族成语。藏族的风俗古朴、人民善良,他们的好习惯是借人家的是水,还给人家的应该是酒。表示特别重视情谊。相反,也有个成语是“借酒还水”,那就不够义气、不够礼貌了。

山兔忧天:藏族成语。这是藏族人表示的“杞人忧天”的意思。但是换成了兔子为主人公,很有趣。

杀鱼喂狗:藏族成语。杀鱼喂狗,对于狗虽有利益,但对于鱼却有杀生的罪过。比喻做善事做得不妥当。

草坪碍脚:藏族成语。草坪本来不妨碍走路,比喻寻找借口故意怪罪人。

树主缺棍:藏族成语。树木的主人守着树却缺少拨火棍。比喻不懂利用身边最有利的条件做事。

有眼有看:侗族成语。为众人所看重,即德高望重的意思。

树大盖草:侗族成语。树冠长得宽大了,就会把草盖住。树木能够盖住地,调节空气的温度和湿度,但是树下也就不利于草的生长。比喻受荫蔽也会受限制。

横头横耳:侗族成语。形容人呆头呆脑、不聪慧的样子。

脚拐手弯:侗族成语。形容人的手脚不干净,行为不轨。

封山林茂:侗族成语。封山育林的意思。禁止砍柴毁树,山上的树木就长得好了。

捉只放只:侗族成语。捉到了这个,又放走了那个。比喻做事没有通盘的计划,手忙脚乱的样子。

上扭下歪:毛南族成语。上边不正,下边一定是歪的。比喻做人做事,如果领导和头头做不好,群众也就好不了。这是说表率的作用很重要。

大灶耗柴:毛南族成语。灶膛大,消耗的柴草就多。形容大手大脚、办事不节俭。

父虎子豹:毛南族成语。如果父亲像虎一样勇猛,那么儿子就会像豹子一样勇敢。比喻父亲对儿子的影响之深。

随着社会前进、时代发展而产生的新成语

这些成语被广泛使用,经过数年,相对固定下来。比如20世纪五六十年代的成语:

改天换地:在那个提倡人定胜天的年代,改天换地、移山填海,是时代的浮躁热情。

传经送宝:是非常年代里的虚夸成语。一个单位的人到另一个单位参观并介绍经验,那就叫传经送宝。

增产节约:增加生产,厉行节约。这是我们的宣传口号之一。说得都对,可是怎么才能做到,当然也得好好地研究。

土法上马、土洋结合:用科学的正确方法称为洋;不管前人怎么做的,自己钻研自己发明,自己想主意称为土法。

反骄破满:就是反对骄傲。谦虚使人进步,骄傲使人落后。古人说“满招损,谦受益”。

这些词都不错，但是过分强调就违背了做人做事的常识。

修旧利废：不论是工厂，还是机器，将旧的修好，对废的加以利用，就叫修旧利废。在那个特定的经济发展期，也是必要的措施。

糖衣炮弹：出自毛泽东《在中国共产党第七届中央委员会第二次会议上的报告》："可能有这样一些共产党人，他们是不曾被拿枪的敌人征服过的，他们在这些敌人面前不愧英雄的称号；但是经不起人们用糖衣裹着的炮弹的攻击，他们在糖弹面前要打败仗。我们必须预防这种情况。"此后被广泛使用了，比喻共产党的干部、军队进城以后应该保持艰苦奋斗、戒骄戒躁的良好作风，不能腐化堕落、变质。资产阶级生活方式、思想作风的腐蚀就叫"糖衣炮弹"。

大公无私：一心一意地为公，一点私心也没有。

斗私批修：对自己"狠斗私字一闪念"，对思想"批判修正主义思想"。这是"文革"时期的流行语。那时候是不允许有一点私心的，要求人人都得像玻璃一样透明。随着时代变化，这样的成语也渐渐失掉了生命力。

源于古籍但已通俗化的成语

有一些成语虽然出自古书典籍，但在群众使用过程中已经通俗化。这些成语被作家、文人采用到作品中，如轻描淡写、平分秋色、旧病复发、弱不禁风、千呼万唤、神乎其神等。

现当代社会中新用语也可固化成新成语

当代流行语言，现当代文艺作品中的用语也有可能成为新成语。如倾城之恋、凤凰涅槃、林海雪原、虎穴追踪、非诚勿扰、文化苦旅、生死疲劳、南征北战等。

第四节 手提文锋百炼成
——生成成语的文献

在中国文化史上,先秦文献与成语的生成有直接关系。

先秦典籍,因古老而被广泛使用,大多成了不争的经典。《论语》中的举一反三、欲速不达、以身作则、怨天尤人、因材施教、以文会友、循序渐进等,都是与我们日常生活紧密相关的成语。其他从寓言概括出的成语非常多,据统计,先秦寓言中,可作为成语故事的大约有130则,分别见于《周易》1则,《左传》5则,《晏子春秋》6则,《公孙龙子》《魏文侯书》《申子》《尸子》《孙子》《礼记》《墨子》各1则,《列子》17则,《孟子》13则,《庄子》44则,《韩非子》19则,《战国策》11则,《吕氏春秋》7则。可知,《庄子》中的寓言故事最多。

各书中的寓言成语故事有重复出现的,如"反裘负刍",出自《魏文侯书》,同时也见于《晏子春秋·杂上》,汉代《新序·杂事二》亦载。"呆若木鸡",同时见于《列子·黄帝》和《庄子·达生》。除去重出寓言,先秦寓言成语有一百多篇。这些寓言故事衍化成的成语有近三百条。

从童蒙读物衍化出的成语也是不可忽视的,这是中国文化的特别现象。中国古代的文化教育非常重视记忆教学,因此背诵就成为重要的教学手段。为了让学生背诵得快，历代文化人将历史、经书、日常生活用语、诗词名句格言化、诗化，编辑了很多朗朗上口的韵文。这样就能让学生一口气将一本书全部背诵下来。这种教学方法是值得我们借鉴的。因为这种做法在一定程度上利用了人类成长过程中不同阶段的记忆和理解上的特点。总而言之，童年时期没有人生经验，当然理解力差，但是记忆力好，记下的东西不易遗忘；而到了成年时期正好相反，记忆力模糊，但是理解能力增强了。传统教育的合理性在于，它们利用了人在成长各时期的优势来汲取传统文化。在童年让孩子们多多地背诵和记忆，将一些信息储存在脑海里；随着人们逐渐长大，到了成年以后，就能够利用已经增长的理解力，来“反刍”自己的记忆。这样就节省了时间，也提高了效率。

童蒙读物的特点是用诗体、谣体编撰，受到童蒙读物影响而出现的各种常识的书，也相继仿效，以韵文的形式编写以利于记忆和流传。这些读物不但得到了有效的普及，而且达到了世代流传、家喻户晓的地步。人们说话不假思索，脱口而出。这样许多诗体、谣体的句子，就自然地演变成了成语。在这些童蒙读物中最重要的是《千字文》《幼学琼林》《增广贤文》等家喻户晓的启蒙书，它们不只是在孩子们中间流传，在民间的口头传播也极为广泛，以至于有些现成的文句升华成为人人会说、会用的成语。

第五节 万里西来了宿缘
——成语的丝绸之路

在汉语的进化过程中西域文化的影响是不可低估的。东汉以来,作为世界三大宗教之一的佛教沿丝绸之路传入中国,逐渐渗透到政治及社会生活的各个方面,但首先是对汉语语言的影响。国学大师王国维早就说过:“周、秦之语言,至翻译佛典之时代而苦其不足;近时之语言至翻译西典时,而又苦其不足。”所以,佛典语言进入汉语,是个历史现象。佛教语言不但贯穿了中国社会生活的方方面面,而且导致了汉语词汇的新变化。在历史上这一变化被称为最重要的三次变化之一。这主要是表现于产生了大量的“梵汉合璧词”和佛化汉语词汇,佛教经典留下了许多成语,从而还丰富了汉语词汇构造的方式,也推动了汉语句法的发展。这是我们研究汉语成语不能忘记的重要方面。佛教对汉语成语的影响,表现如下:

佛经用语成为成语

由于佛经用语进入我们的日常生活,日常用语演变成成语。据说佛教的原始教义理论是释迦牟尼在菩提树下彻悟出的道理。佛教说教将一些精彩的析理性话语或者是佛教义理加以概括,得出一些概念,是佛教对宇宙、人生的解释。这些概念就演变成了成语，如大慈大悲、六根清净、不二法门、背恩负义、现身说法、不即不离、不可思议、不生不灭、三界唯心、一尘不染、回光返照、四大皆空、普度众生、因果报应、自作自受等。

如“慈悲为本，方便为门”就是很生动的成语。什么叫慈悲？与乐曰慈，拔苦曰悲。与乐，就是共享快乐；拔苦，就是救人出苦海。即《智度论》所谓：“大慈与一切众生乐，大悲拔一切众生苦。”作为“佛、法、僧”三宝之一的出家人以普度众生、行菩萨道为己任。菩萨道的主要精神体现在替众生“与乐、拔苦”的慈悲心上。因此，南朝梁代沈约《究竟慈悲论》指出：“释氏之教，义本慈悲。”慈悲是发起一切善行的基础。不过，光有慈悲还不够。度化众生还需要因时、因地、因人而异的权巧之智，称为“方便门”。如唐代窥基《法华经玄赞》卷三解释：“利物有则曰方，随时而济曰便。”据说，佛有八万四千方便法门，度化一切众生。如元代朱凯《昊天塔》第四折中长老说：“俺出家的人，慈悲为本，方便为门。”

◎《大智度论》

有恃无恐，即有所依恃而毫不害怕。《妙法莲华经普门品》：“如子女之依赖父母。佛教中，转指众生因贪嗔等无明缠身，造作各种恶业，而堕于轮回之中，须仰赖佛、菩萨之慈心悲愿，予以济度，力能出离苦厄，故称为依怙。”这个成语的原意是说佛法佑护着人生，使人有所依恃，不必畏惧一切可怕的事情。在俗世中，这个成语深化成贬义。经常用来诅咒那些恶势力或者坏人，倚仗自己的背后势力，肆无忌惮地行凶作恶。这一从褒义向贬义的演变，表明了一般人对佛教教义的陌生和不理解。

一尘不染，是我们现在生活中使用得非常广泛的成语。也是源于佛教，形容十分清洁。佛教的原意是说："尘"即"尘境"，就是尘世之境。眼之于色、鼻之于香、耳之于声、舌之于味、身之于触、意之于法，即色、香、声、味、触、法，统称"六尘"。"六根"与"六尘"相对接触，会引发许多迷妄与烦恼，佛家称为"尘劳"。《普曜经·论降神品》云："闻大法声，消除一切尘欲之难。"修道的人不为六尘所玷染，即为"一尘不染"。我们在生活中使用时，形容清洁的物或者环境，如赵大年《公主的女儿》："院子扫得干干净净，玻璃擦得一尘不染。"也用来比喻人的品格清高脱俗，廉洁高尚。如宋代罗大经《鹤林玉露》卷十："范蠡霸越之后，脱屣富贵，扁舟五湖，可谓一尘不染矣。"又如《儿女英雄传》第九回："听起来，老人家又是位一尘不染，两袖皆空的。"我们现在说一位国家公务员的廉洁，应该做到一尘不染，是指为官清正廉明，主要是说不贪不占、主持正义、为民做善事、为国家做贡献。这是做官的极境。

佛经故事演化为成语

因佛经故事而形成的成语。佛教重要的讲经方式是通过生动的故事说法。佛经中有很多故事是以佛教教义为本体，解说佛教内容的。这些生动的故事就是：盲人摸象；天女散花；天花乱坠；天上地下，唯我独尊；借花献佛；空中楼阁；水中捉月；粉身碎骨；刀山剑树；非驴非马；等等。

天花乱坠是个生动的成语。传说佛说法的时候，上天受到感动，撒下美丽香花作为“供养”和皈教。传说梁武帝时，云光法师讲经时感动上天，香花从空中纷纷落下。后多形容讲经说法，有声有色，极其动听。这个词并没有贬义，是一种特别神圣的、醉人的境界。《心地观经·序分》云：“六欲诸天来供养，天花乱坠遍虚空。”在俗世里，这个成语也转指言谈虚妄，不切实际，或用甜言蜜语骗人，如《红楼梦》六十四回：“说得天花乱坠，不由得尤老娘不肯。”又如《二刻拍案惊奇》卷十一：“凭那哥哥说得天花乱坠，只是不肯回去。”其实，即使是使用时，也还是从正面的意义上说的。毕竟是说得太美、太好，才能是天花乱坠。

刀山剑树，这个成语是比喻险恶的情境，本是佛家所说的地狱中的惨苦境象之一。《菩萨处胎经·行定不定品》中说：“淫为秽恶，死入恶道，刀山剑树，火车炉炭。”谓造邪淫、杀生等恶业的罪人，死后会受极苦的“报应”，直入“阿鼻地狱”。那里有一处，山上以刀为树，树上以剑为叶，密密麻麻。罪人穿行刀山剑树间，忍受剖腹剜心、割截肢解的剧烈痛苦。这就是佛家的因果报应之说。《太平广记》卷三二引《冥根拾遗》：“在第二重门，入见镬汤、刀山、剑树。”《宋史·南汉刘氏传》：“作烧煮剥剔、刀山剑树之刑。”明代袁宏道《锦帆集之三·尺牍·李子髯》：“每见无寄之人，终日忙忙，如有所失，无事而忧，对景不乐，这便是一座活地狱，更说什么铁床铜柱，刀山剑树也。”这样的成语在京剧《乌龙院》四场中也有：“多承公明哥哥大恩搭救我等，特地前来相谢，纵然刀山剑树，俺刘唐何惧！”这一成语鲁迅也用过。《厦门通信(二)》：“我本来不大喜欢下地狱，因为不但是满眼只有刀山剑树，看得太单调，苦痛也怕很难当。”

佛经中的譬喻生成成语

方立天在《佛教与哲学》中说:“佛教弘法传教的重要特色是善用比喻。佛典之广用比喻,不仅创造了一大批从形式到内容全新的词,而且使一部分汉语旧词获得了新的比喻义。”从宣讲佛教教义来说,运用比喻能让深奥的教义变得通俗易懂,更能让人理解其中的丰富含义,这些比喻自然就会进入人们的日常生活中,影响汉语成语文化。如盲人摸象;香象渡河;恒河沙数;梦中说梦;昙花一现;味如嚼蜡;苦海无边,回头是岸;作茧自缚;认贼作子;醍醐灌顶;种瓜得瓜,种豆得豆;等等。

盲人摸象是个家喻户晓的印度佛教外来成语,佛经中载入了这个寓言式的故事。说众盲者唯摸象体之一部分,各执己说,皆不能说得完备。《长阿含经》卷十九“龙鸟品”所载:“昔镜面王敕侍者引一象,令众盲者摸之。触象鼻者言象如曲辕,触象牙者言象如杵,触象耳者言象如箕,触象头者言象如鼎,触象背者言象如丘阜,触象腹者言象如壁,触象髀者言象如树,触象膊者言象如柱,触象迹者言象如臼,触象尾者言象如絙。各各共诤,相互是非;王见而大笑,颂云:‘诸盲人群集,于此竞诤颂;象身本一体,异相生是非。’”即比喻诸外道、异学等,不知苦谛、习谛、尽谛、道谛,各立门户,而彼此争论是非,犹如群盲之摸象,自无从通达实相;若能如实了知四圣谛,则能相共和合。在《大般涅槃经》卷三十二亦载有同一譬喻:“善男子!如彼众盲不说象体,亦非不说。若是众相悉非象者,离是之外更无别象。善男子!王喻如来正遍知也,臣喻方等大涅槃经,象喻佛性,盲喻一切无明众生。”以此比喻外道、异学之徒不知一切法之实义，而相互是非；亦用以比喻修学佛道者拘泥于佛经或祖论等文字言句之一端，而不知佛法之全面。此譬喻自来闻名于世，比喻没有全面的调查研究，了解的现实情况枝枝节节，不能依此研究问题。

在佛教中将这种比喻方法称为"横说竖说"，这就形成了一个成语，就是"多方取譬，反复详述，以求详尽，使对方容易理解"。明代郎瑛《七修类稿·诗文一》："说须出自己之意，横说竖说，以抑扬详赡为上。"此语也见于禅宗典籍。《景德传灯录·希运禅师》载："且如四祖下牛头融大师，横说竖说，犹未知向上关棙子。"多方取譬，旁敲侧击，毕竟不许一语道破，正是禅宗说"话头"的特色。禅宗有顿悟的南宗和渐悟的北宗。横说属于顿悟，竖说属于渐悟。禅宗以顿悟为主，自称"宗门"，称经教为"教门"。在这个意义上，横说为"宗门"，竖说为"渐门"。佛经上还有"横遍十方，竖穷三世"之说，横属时间，竖属空间。这正如儒家有经书，又有纬书，亦可称为"横说竖说"。

佛家还特别提倡辩才。能言善辩，谓之"辩才无碍"，也形成了一个成语。如小说《三国演义》第六十四回："口似悬河，辩才无碍。"即指佛、菩萨具有"广长舌"，善于说法。《华严经》说："若能知法永不灭，则得辩才无障碍；若能辩才无障碍，则能开演无边法。""辩才"出于智慧。据《大乘起信论》说，佛、菩萨在完全了解"宿命""未来""他心"等基础上对机说法，故能义理贯通、言辞畅达、方便善巧、毫无滞碍。《华严经》说有"四辨"，即法无碍辨、义无碍辨、辞无碍辨和乐说无碍辨。在娑婆世界，佛主要以音声为佛事，重视"声教"。佛说法既有超越时空，专为圣贤而说的"密音声"；也有应时对机，广为凡夫而说的"不密音声"。

禅宗的云门宗有三句“转语”示人，转语是禅林用语。随于机宜自由自在转变词锋之语，称为转语。即在禅者迷惑不解、进退维谷之际，师家为了让禅者颖悟顿解，蓦地翻转机法而下转语。《五灯会元》卷十五：“我有三句语示汝诸人。一句涵盖乾坤，一句截断众流，一句随波逐流。若辨得出，有参学份；若辨不出，长安路上辊辊地。”“截断众流”，即一法不立，为“真如门”。这些本来是佛家用语，也为中国诗学增加了新概念。诗学论诗者借用禅语，指见识超群、不同凡响的作品。宋代叶梦得《石林诗话上》：“禅宗论云门有三种语：其一为‘随波逐浪’句，谓随物应机，不主故常；其二为‘截断众流’句，谓超出言外，非情识所到；其三为‘涵盖乾坤’句，谓泯然皆契，无间可伺。其深浅以是为序。予尝戏谓学子言，老杜诗亦有此三种语……以‘百年地僻柴门迥，五月江深草阁寒’为截断众流句。”在诗学中，还有个“隔靴搔痒”是很生动的概念。比喻文章语言不透彻，不贴切，抓不住要点，不能从根本上说清楚、解决问题，谓之“隔靴搔痒”。如宋代严羽《沧浪诗话·诗法》：“意贵透彻，不可隔靴搔痒；语贵洒脱，不可拖泥带水。”此语本于《五灯会元》卷八：“问：‘圆明湛寂非师意，学人因底却无明？’（契稳）师曰：‘辨得也未？’曰：‘恁么则识性无根去也。’师曰：‘隔靴搔痒。’”

由于佛教的进入，汉语的语汇之海增加了许多新鲜的词素。如缘、轮、宗、藏、普、融、寂、定、方、佛、梵、界、乘、根、禅、净、谛、僧、欲、戒、舍、尘、通、悟、渐、智、观、觉、昧、空、灭、斋、果、报、度、灾、惑、垢、障、空、施、雄、衍，等等。有的词并不是原先汉语词汇中没有，而是说，这些词素在佛教教义中有新鲜的含义，使汉语语言增加了特别的信息。同时，成语也获得了一定程度上的促进与发展。

第六节 工兼众语媚韶华
——域外成语，融入中华

各民族的文化既有共性，又有个性。共性来自人类（包括各个不同的民族）共有一个客观的大自然，对事物及其本质规律的认识基本趋向是相同的。因此，语言中存在许多相似的地方。无论汉语成语还是英语成语都是人们在劳动实践与认识世界的过程中提炼、总结出来的思想结晶，它们也有相似之处。外国语言进入汉语成语的例子是很多的。我们已经专门研究了印度成语，这里再来看看其他几种语言的成语。

比如，汉语成语有“爱屋及乌”，在英语中也有个 Love me，love my dog。英语中成语，字面意思是“爱我，也要爱我的狗”，与“爱屋及乌”含义只是相近。汉语里的成语“趁热打铁”，在英语里也有相应的成语“Strike while the iron is hot”。在俄语里面也有个完全相同的词。欧仁·鲍迭埃在用法文创作无产阶级战歌《国际歌》时，就使用了“Battons le fer quand il est chaud”（法文“趁热打铁”）的歌词，中文译文是“趁热打铁才能成功”。“英特纳雄耐尔就一定要实现”激励了成千上万的仁人志士为了自己的追求而抛头颅洒热血。

汉语有成语“一箭双雕”，英语里面有个“to kill two birds with one stone”，意思就是：一掷石头打死了两只鸟。这样的说法中国又出现了一个成语“一石双鸟”。俄语里也有个相应的词是:一枪打着了两只兔子。意思还是一样的,也就是一举两得。从以上的生动例子可以看出世界各民族在使用语言上创造的成语是有相同思维的。

英语中的成语:

1. Birds of a feather flock together. 物以类聚,人以群分。

2. Where there is a will,there is a way. 心想事成(或有志者,事竟成)。

3. Love me,love my dog. 爱屋及乌。

4. Courtesy calls for reciprocity. 礼尚往来。

5. Let bygones be bygones. 既往不咎。

6. at sixes and sevens 乱七八糟,杂乱无章

法语中的成语:

1. Qui a bu boira. 本性难移。

2. Le tavail est un trésor. 自力更生。

3. On apprend à tout age. 活到老,学到老。

4. C'est en forgeant qu'on devient forgeron. 熟能生巧。

5. Qui ne risque rien n'a rien. 不入虎穴,焉得虎子。

6. Vouloir,c'est pouvoir. 有志者,事竟成。

俄语中的成语:

1. Как волка ни корми,он все в лес смотрит. 江山易改,本性难移。

2. Кому много дано,с того много и спросится. 能者多劳。

3. Куй железо,пока горячо. 趁热打铁。

4. На воре шапка горит. 做贼心虚。

5. Не было бы счастья,да несчастье помогло. 塞翁失马。

6. Нашла коса на камень. 针锋相对,针尖对麦芒。

意大利语中的成语:

1. Aciascuno il suo! 各得其所,每人一份!

2. Abbaiare alla luna! 狂犬吠日,枉费心机。

3. Affogare nei debiti. 债务缠身。

4. Andare a gonfie vele. 一帆风顺。

5. Battersi il petto. 捶胸顿足,后悔不已。

6. Dar fuori di matto. 颠三倒四。

西班牙语中的成语:

1. Cual el afio,tal el jurro. 量入为出。

2. (No)importa un ardite. 无关紧要。

3. Dejar en las astas del toro a algulen. 见死不救。

4. Dios lo hara mejor. 上帝会有好的安排,听天由命。

5. Vino Dios a ver a uno. 福从天降,走运。

6. Hablar ad epheslos. 对牛弹琴,徒劳无益。这一条成语与中国的成语“对牛弹琴”特别接近。西班牙的巴斯图斯《各民族的智慧》记载:从前,在小亚细亚一个叫以弗所的古城里面,有一个人叫埃莫多罗,因为他特别富有而遭到全城的忌恨和疏远,最后竟然受到了放逐十年的处罚。他见了人就诉说自己是无辜的,但是人们谁也不听他的申述。这人真是对牛弹琴了。这种情形在人生中是很多的。我们都熟悉鲁迅笔下的祥林嫂,失了自己的孩子后想找人倾诉以减轻自己内心的压力。最初人们陪着她流眼泪,但是后来她也就等于对牛弹琴了,没有人同情她,而且拿她开玩笑。契诃夫的小说《苦恼》也写了自己的苦难故事没有人听。自己的儿子死了,痛苦不堪,但是人与人之间的隔膜和不同情,让他感到特别孤独。看来人类的情感是共同的。

日语中的成语:

日语的成语与中国成语的关系最为密切。日本语中的许多成语是一字未动地从中国移植过去的,如:

蛙鸣蝉噪(あめいせんそう)

一衣带水(いちいたいすい)

温故知新(おんこちしん)

卧薪尝胆(がしんじょうたん)

画龙点睛(がりゅうてんせい)

百家争鸣(ひゃっかそうめい)

风声鹤唳(ふうせいかくれい)

夜郎自大(やろうじだい)

唯我独尊(ゆいがどくそん)

第七节 语不惊人死不休
——文学名著,生成成语

脍炙人口的古典诗词、散文、小说、笔记中的凝练词语,被引用得多了,就化为成语。这类作品多是被定为教材,如“四书”类课本和童蒙读物，或者收入重要的选本，如《玉台新咏》《千家诗》《唐诗三百首》《古文观止》《文选》等。

苏东坡《前赤壁赋》是一篇脍炙人口的散文，其中，遗世独立、羽化登仙、如泣如诉、余音袅袅、冯虚御风、不绝如缕、正襟危坐、一世之雄、一叶扁舟、沧海一粟、物各有主、清风明月、杯盘狼藉等都被广泛使用而化为成语了。

韩愈《进学解》中很多经典词语演化为成语，已经被广泛使用，如行成于思、业精于勤、爬罗剔抉、提要钩玄、焚膏继晷、贪多务得、细大不捐、含英咀华、同工异曲、跋前踬后、各得其宜、俱收并蓄、投闲置散、校短量长等。

王羲之《兰亭序》中也有多个词语演化成了成语：崇山峻岭、天朗气清、惠风和畅、游目骋怀、放浪形骸、怡然自足、情随事迁、修短随化等。

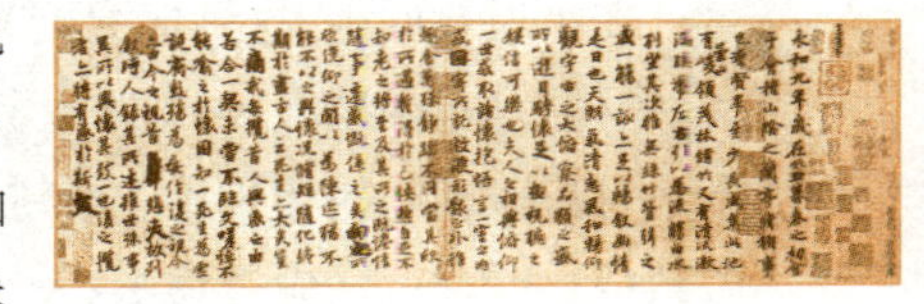

◎ 兰亭序书法

诗词中这样的情形更常见。从《唐诗三百首》中我们可以找到很多成语源：辞严义密、天涯沦落、别开生面、天生丽质、天旋地转、天长地久、千呼万唤、重利轻别、当仁不让、口沫手胝、长风破浪、炙手可热、明眸皓齿、体无完肤、天涯比邻、人事代谢、一寸相思等，已经传为成语了。宋代庄绰《鸡肋编》卷下“陈无己、苏东坡俚语入诗”条论及陈师道（字无己）诗多用俚语，举出很多例子：“杜少陵《新婚别》云‘鸡狗亦得将’，世谓谚云‘嫁得鸡，逐鸡飞；嫁得狗，逐狗走’之语也。而陈无己诗，亦多用一时俚语。如‘昔日剜疮今补肉，百孔千窗容一罅。拆东补西裳作带。人穷令智短。百巧千穷只短檠，起倒不供聊应俗，经事长一智。称家丰俭不求余，卒行好步不两得’。皆全用四字。‘巧手莫为无面饼’

(巧媳妇做不得无面饽饦)。‘不应远水救近渴,谁能留渴须远井’(远水不救近渴)。‘瓶悬甍间终一碎’(瓦罐终须井上破)。‘急行宁小缓’(急行赶过慢行迟)。‘早作千年调一生,也作千年调’(人作千年调,鬼见拍手笑)。‘拙勤终不补’(将勤补拙),‘斧斫仍手摩’(大斧斫了手摩挲)。‘惊鸡透篱犬升屋’(鸡飞狗上屋)。‘割白鹭股何足难’(鹭鸶腿上割股)。‘荐贤仍赌命。’而东坡亦有‘三杯软饱后,一枕黑甜余’,皆世俗语。如‘赌命’‘软饱’犹可解,而‘黑甜’后世不知其为睡矣。”这里的所谓俗语,有的就是现在我们说的成语。

在小说戏曲中,这种情况更为普遍。如心猿意马、眼花缭乱、鹏程万里、闲愁万种、郎才女貌、风情万种、月朗风清、伏低做小、挑茶斡刺、挑拨弄舌、插科打诨、弄鬼掉猴、掂斤播两、做张做势、七青八黄、偷香窃玉、天作地合、解铃系铃,都是。《西厢记》中张君瑞:“小生无意求官,有心待听进。量着穷秀才人情只是纸半张,又没甚七青八黄,尽着你说短论长,一任待掂斤播两。”一口气用了三个四字词,均形成了成语。

《越调·斗鹌鹑》中“云敛晴空,冰轮乍涌;风扫残红,香阶乱拥;离恨千端,闲愁万种”,一连串的四字句,这是演变为成语的最佳素材。甚至有人把《诗经·大雅·荡》中的“靡不有初,鲜克有终”也放到了曲文中。

中国古代的一些文学理论著作,因为用语的精练,早已朗朗上口,演化成一些成语,或者准成语。如唐代司空图的《诗品》,以二十四首诗的形式梳理了诗的风格,以意境释诗,别具一格,影响深远。研究中国诗词,无法绕过它的范畴。清代郑之钟在《诗品臆说·序》中称:“诚以廿四品者,诗家之总汇,诗道之筌蹄;而不可不品其品,以为诗者也。”品诗的文字,也是诗，是妙不可言的现象。在这二十四首诗中出现的词语中至少有以下一些被经常使用：大用外腓；积健为雄；超以象外；与古为新；落花无言；人淡如菊；行神如空；行气如虹；饮真茹强；蓄素守中；浓尽必枯；取之自足；俯拾即是；着手成春；不著一字，尽得风流；万取一收；吞吐大荒；真力弥漫；妙造自然；倘然自适；可人如玉；离形得似；欢乐苦短；如转丸珠。

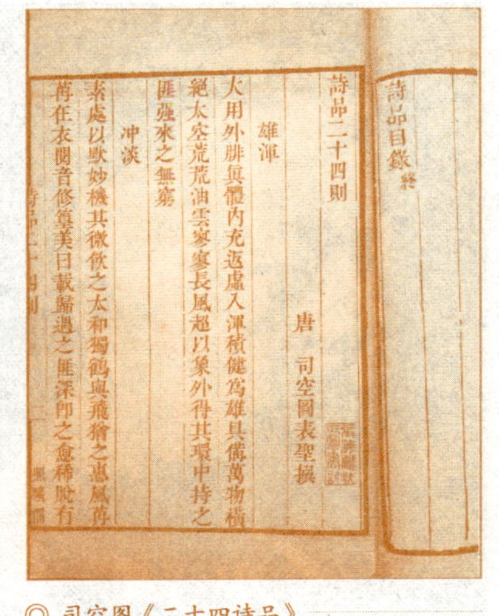
詩品目錄 終

詩品二十四則
唐 司空圖表聖撰
雄渾
大用外腓眞體內充返虛入渾積健爲雄具備萬物橫
絕太空荒荒油雲寥寥長風超以象外得其環中持之
匪強來之無窮
冲淡
素處以默妙機其微飲之太和獨鶴與飛猶之惠風荏
苒在衣閱音修篁美曰載歸遇之匪深即之愈稀脫有

◎ 司空图《二十四诗品》

在清代，有人甚至故意用成语、俗语写小说，清代张南庄的《何典》和邹必显的《飞跎全传》就是几乎全用成语和俗语堆积而成。《何典》是一部很奇特的中国古典小说，它采用了“幽默”的文体——在中国古典小说中别具一格的俗语体。小说通过“下界阴山”“鬼谷”中的“三家村”土财主活鬼一家两代的不同遭遇，讽刺了阎罗王与妖魔鬼怪所在的阴曹地府的种种怪事。它一反旧小说的文人气、酸气，无章无典，无规无矩；满目脏字却并不下流，油嘴滑舌却很严肃：堪称奇迹。由于小说的反传统，作者又是个在野才子，从嘉庆初年至光绪三年的七八十年间，小说一直没有登上大雅之堂，也没有人刻印过；光绪四年（1878），才有了上海《申报》馆海上餐霞客写《跋》的版本。

1926 年 5 月，刘复（半农）在无意之中从地摊上得到了《何典》的旧版本，于是兴奋不已。打开书第一眼就看见了《何典》开场白中的“*放屁放屁，真正岂有此理*”，这正是吴稚

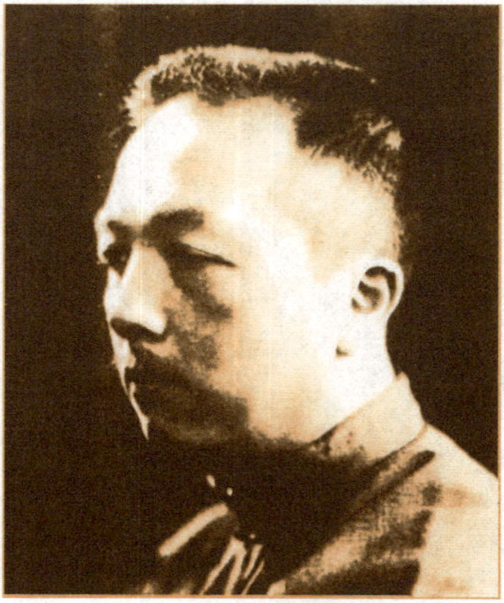

◎ 刘半农

晖讲话的口头语。曾经让新文化的几位学者感到纳闷，不知道这话从哪儿来的。现在真是恍然大悟。连忙标点、校注后准备出版，并请鲁迅作序。鲁迅在5月25日连写了《题记》和《为半农题记〈何典〉后，作》两篇文章（前者收入《集外集拾遗》，后者收入《华盖集续编》）。鲁迅说他“很喜欢”，并认为《何典》“谈鬼物正像人间，用新典一如古典”，“展示了活的人间相”，“在那时，敢于翻的人（张南庄）的魄力，可总要算是极大的了”。

《何典》出版问世后风靡一时，跟鲁迅的着力推荐有关。国民党元老吴稚晖自称《何典》是他做嬉笑怒骂文章的范本；五四的精英人物胡適、周作人、林语堂等也不断提到这本书。但也有旧派“文人雅士”，责难《何典》“不入流”。五四新文化所欣赏的恰恰就是离经叛道。1932年，日本打算编印《世界幽默全集》，鲁迅把《何典》作为中国的八种幽默作品之一，推荐给增田涉，并在5月22日致增田涉信中说，《何典》一书“近来当作滑稽本；颇有名声”。《何典》的作者是张南庄，主要生活在清代乾（隆）嘉（庆）年间的上海，生平不见经传。从光绪四年海上餐霞客写的《跋》里，能略知张南庄的一些情况，如他“文法欧阳（询），诗宗范（成大）、陆（游）”，名列当时上海十位“高才不遇者”之冠。他还著有十余部编年诗稿，只可惜毁于战火。《何典》里大量的方言俚语，就出自松江，但也夹杂着一部分江苏南部和浙江东北部的方言（刘复发现其中有些方言出自温州）。

《飞跎全传》，又称《飞跎子书》，邹必显著。由于名家鲁迅、刘半农的推荐，《何典》名声大振，但是类同《何典》，同样全用俗语、成语写成的小说《飞跎外传》却鲜为人知。

◎ 乾隆版《扬州画舫录》

◎《扬州画舫录》

清代李斗《扬州画舫录》记载：“邹必显以扬州土语编辑成书，名之曰《扬州话》，又称《飞跎子书》。先居姜家墩，后移住二敌台。性温暾，寡言笑，偶一雅谑，举座绝倒，时为打油诗、黄莺儿，人多传之。”又：“评话盛于江南，如柳敬亭、孔云霄、韩圭湖诸人，屡为陈其年、余淡心、杜茶村、朱竹垞所赏鉴。次之季麻子平词为李宫保所赏。人参客王建明瞽后，工弦词，成名师。顾翰章次之。紫瘌痢弦词，蒋心畬为之作《古乐府》，皆其选也。郡中称绝技者，吴天绪《三国志》，徐广如《东汉》，王德山《水浒记》，高晋公《五美图》，浦天玉《清风闸》，房山年《玉蜻蜓》，曹天衡《善恶图》，顾进章《靖难故事》，邹必显《飞跎传》，谎陈四《扬州话》，皆独步一时。"

书里的俗成语，触目皆是，如空拳赤手；穷不失志，富不癫狂；自言自语；没盐无酱；翻来覆去；气冲斗牛；刁里古怪；细眉细眼；挤眉扎眼；大手大脚；钱可通神；心病难医；引水入墙；大模大样；披星戴月；心头火起；不文不武；里手外人；等等。有一些是在别的地方很少见到的。董伟业《扬州竹枝词》以诗评论这本小说："空心筋斗会腾挪，吃饭穿衣此辈多。倒树寻根邹必显，当场何苦说飞跎。"可以想见他说话的本事极高。

第二章

成语与风俗文化

第一节 包容大地与山河
——成语中丰富的文化内涵

所谓民俗，是一种文化。西方有位名叫亨利·彭的牧师将它理解为“愚民旧俗”。英格兰人汤姆斯提出民俗就是“民众旧传”，被柯克士在《民俗学浅说》中解释为“即包括一切关于古代信仰与风俗，关于一般人们的见解、信仰、传说和迷信”。后来的学者多用“民众旧传”的说法来概括民俗，在欧洲曾被普遍采用，并解释为“民间智慧”“民间文学”等，我国学者在此基础上又发展为“土民意识”。二百年来，经过反复研究和界定，到了20世纪20年代，才正式定名为“民俗”，以此来指那些属于民间创造，又为民间所认可和不断传承的风俗现象。

我们所研究的民俗事象，主要就指那些创造于民间，又传承于民间的有活力的现象，其中有思维体系，也有实施行为。在许多种约束人们行为和意识的有规律也有趣味的活动中，民俗并不依靠政治制度和法律来维系，也不以史书为证，也不依附科学实验，民俗事象只依靠习惯来蔓延下去。这种传袭力量的基础是民众心理。就某些个别事象来说，民俗可能会消亡，但是民俗整体是不会消失的。

◎ 凤

中华成语几乎可以说是整个中华文化的浓缩，是应有尽有、无所不包的丰富文化宝库。一批最早的成语集中产生于先秦诸子百家，并不仅存于儒家文献《论语》《诗经》《尚书》《礼记》《周易》《春秋》中，之外的《老子》《庄子》《淮南子》《列子》中也有大量的成语被使用。比如我们从大音希声、余音绕梁、曲终奏雅、弦外之音，可看出这些成语系统地反映了古代中华民族在音乐文化中的境界追求。齐钟魏鼓、楚丝燕歌、秦节赵瑟，则系统地反映出我国古代音乐的广泛性和地域性特色。龙、凤是中华民族的图腾，因此成语中龙和凤两个字出现的频率特别高。龙象征着尊严、高尚、庄重、威风。凤凰是我国古代传说中的神鸟，是火中的精灵，生于丹穴山，“非梧桐不栖，非醴泉不饮，非竹实不食”。五百年更生涅槃后不再死，具有祥瑞、安宁、幸福、和谐的文化内涵。成语里把结成婚姻喻为“龙凤呈祥”，将生动有活力的现象称为“龙飞凤舞”，这是最具民族特点的文化概括。中华的江河湖海、五岳三山、名胜古迹、梅兰竹菊、琴棋书画、衣食住行，也总会出现在丰富的成语宝库中。由此可见，成语集中、典型地反映了中华民族的文化特征。

即以风俗而论就有移风易俗、观风识俗、入乡随俗、相延成俗、伤风败俗、奇风异俗、超风脱俗等。风俗是什么？风，是一种传播现象；俗，是重复出现而演化成的习惯。汉代应劭写过一本书《风俗通义》，其中论风俗的控制作用是“均齐民风”：“风者，天气有寒暖，地形有险易，水泉有美恶，草木有刚柔也。俗者，含血之类，像之而生，故言语歌讴异声，鼓舞动作殊形，或直或邪，或善或淫也。圣人作而均齐之，咸归于正；圣人废，则还其本俗。”他把风俗说成是自然形成的现象是对的。但是他强调的是圣人的规范才使风俗形成，就只讲对了一半。风俗的形成有自上而下的推行所致，也有民间演化成习而传开的。但是有一点认识是一致的，那就是风俗一定是民间的文化现象。

欽定四庫全書 子部十
風俗通義 雜家類三 雜説之屬
提要
臣等謹案風俗通義十卷附録一卷漢應劭
撰劭字仲遠汝南人嘗舉孝廉中平六年為
泰山太守事迹具後漢書本傳馬總意林稱
為三國時人不知何據也考隋書經籍志風
俗通義三十一卷注云録一卷應劭撰梁三

◎ 四库本《风俗通义》单页

所以，风俗就是一种通过传承延续下来的民间文化。风俗是一种社会约定，个人的叫习惯，社会整体的就叫风俗。风俗是习惯的延伸；习俗是习惯的原因，也是它的结果。因为大家喜欢一种行为习惯，于是就愿意保存下来，相延成俗。风俗之所以能够流传，在很大的程度上依赖语言，特别是成语的传播。

第二节 龙盘九鼎镇皇都
——成语与中国鼎器

所谓物质文化，指人类所创造的琳琅满目的物质世界的总和。中国的物质文化主要包括工具、器皿、服饰、饮食、建筑等方面。古人用高超的智慧和勤劳的双手创造出了辉煌的历史和文化，其中一些已经随着社会的发展而改良、改变，可是反映它们的词语仍沿用至今，如同物质的遗迹存在于语言当中。

比如，“鼎”是个很有象形字特点的字，源于中国古老的器具：鼎。它是我国古代烹煮食物的器具，形状圆形或者方形，一般是三足双耳，多用青铜或铁制成。一个“鼎”字形成了许多真正有中国特色的成语，如三足鼎立、一言九鼎、人声鼎沸、力能扛鼎、鼎力相助、拔山扛鼎、负鼎之愿、夏鼎商彝、鼎成龙升、鼎镬刀锯、鼎鱼幕燕、尝鼎一脔。这些异常丰富的成语是最具中华民族特点的。

◎ 司母戊方鼎

中国最著名的三大宝

鼎是：

司母戊方鼎，中国商代后期（约公元前16世纪至公元前11世纪）王室祭祀用的青铜方鼎，1939年3月19日在河南省安阳市武官村一户人家的农地中出土。因其腹部有“司母戊”三字而得名，现藏于中国国家博物馆。

◎ 毛公鼎

毛公鼎，西周晚期青铜器物，道光末年出土于陕西省宝鸡市岐山县周原。由作器人毛公得名。直耳，半球形腹，矮短的兽蹄形足，口沿饰环带状的重环纹。毛公鼎为西周晚期的宣王时期器物，著称皇皇巨制，上面的铭文被誉为“抵得一篇《尚书》”。其内容是周王为中兴周室，革除积弊，策命重臣毛公，要他忠心辅佐周王，以免遭丧国之祸，并赐给他大量物品，毛公为感谢周王，特铸鼎记其事。

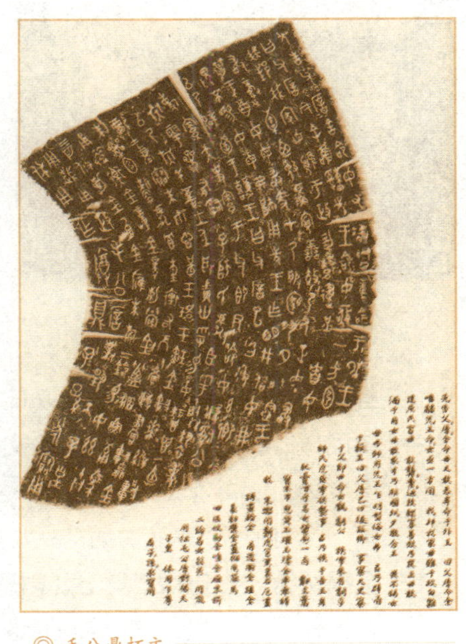

◎ 毛公鼎拓文

子龙鼎，相传20世纪20年代出土于河南辉县。为商代末期的文物。其造型雄伟，是商代圆鼎中体积最大的，而且铸造精细。现收藏于中国国家博物馆。子龙鼎所铸铭文为“子龙”。鼎为瓶形角，圆目，张口，生动传神。器颈部所饰一为有首无身饕餮纹，瓶形角；二为首身完整饕餮纹。整个饕餮纹带由一个单元纹样向左右两方反复连续伸展构成，整齐而富有节奏感。器足上端所饰饕餮纹卷角如羊，角尖部内卷并高高凸起，愈显动感，也与鼻梁部位耸起的扉棱增加了器物的稳定。

◎ 子龙鼎

围绕着“鼎”字产生的许多成语，如“三足鼎立”就是从中国古代鼎的特殊形状而建立的概念，不仅表示了鼎站立的方式。后来语义外延，扩大到用来比喻三方分立、势力均衡的区域对峙局面，也称为三国鼎立。

又如“牛鼎烹鸡”，指用煮牛的大鼎来炖鸡，比喻大材小用，是着眼于鼎的烹煮功能。古时的鼎有的用上等青铜铸成，并镌铸着精美图案和铭文，那是君王、贵族才得以拥有的宝物。

又有成语“一言九鼎”。九鼎：古代国家的宝器，相传为夏禹所铸。一句话抵得上九鼎重，比喻说话力量很大，能起到很大作用。作用之大，能与传世国宝相提并论。司马迁《史记·平原君列传》：“毛先生一至楚，而使赵重于九鼎大吕。

毛先生以三寸之舌，强于百万之师。胜不敢复相士。”这是战国时的故事。秦国的军队包围了赵都邯郸，形势危急，赵国君孝成王派平原君到楚国求援。平原君计划带二十名门客前去执行使命，先选了十九名，尚少一名未定。这时，毛遂自荐，平原君半信半疑，但是勉强带着他一起前往楚国。平原君到楚国后，立即与楚王谈及“援赵”事，但毫无结果。这时，毛遂对楚王说：“我们今天请您派援兵，您一言不发。您可别忘了，楚国虽然兵多地大，却连连吃败仗，连国都也丢掉了，依我看，楚国比赵国更需要联合起来抗秦呀！”毛遂的一席话说服了楚王，他立即答应出兵援赵。平原君回到赵国后感慨地说：“毛先生一至楚，而使赵重于九鼎大吕。”的确是毛遂的一句话解救了赵国之危机。

鼎，又因此获得盛大、巨大义。其他还有成语，如大名鼎鼎、鼎力相助、人声鼎沸、力能扛鼎、拔山扛鼎，都是这样来的。人声鼎沸，好像同古老的鼎没有多大关系。其实鼎沸，本意是鼎中的水烧开了，发出翻腾的大声响，用来形容人群中声音吵吵嚷嚷，就像煮开了锅一样。夏鼎商彝，泛指古董。元代汤式《一枝花·赠王马杓》套曲：“纵然道夏鼎商彝休将做宝贝啶，也不似他情攸。”负鼎之愿，希图担负辅佐君王大任的愿望。汉代韩婴《韩诗外传》卷七：“伊尹故有莘氏童也，负鼎操俎调五味，而立为相，其遇汤也。”鼎镬刀锯，指古代四种酷刑的刑具，引用指称最残酷的刑罚。镬：大锅。鼎镬，是指把人煮死。明代冯梦龙《警世通言·拗相公饮恨半山堂》：“若见此奸贼，必手刃其头……虽赴鼎镬刀锯，亦无恨矣。”鼎鱼幕燕，比喻处于极危险的境地，即将覆灭。出于南朝梁丘迟《与陈伯之书》：“将军鱼游于沸鼎之中，燕巢于飞幕之上，不亦惑乎？”尝鼎一脔，出于《吕氏春秋·察今》：“尝一脟肉而知一镬之味，一鼎之调。”尝鼎里一片肉，就可以知道整个鼎里的肉味。比喻从事物之一部分，即可判断全体。朱自清《闻一多先生怎样走着中国文学的道路》：“可惜这部诗选又是一部未完书，我们只能够尝鼎一脔！”鼎成龙升，特指皇帝逝世。这一系列特别构词反映了中国文化的独特性。

第三节 万事称好孔方兄
——成语与钱币文化

再说一个物质文化中重要的事物：钱。钱，在日常生活中最招人爱，也最招人恨。归根到底，还是因为在商品交换中它是万能的交换替代品。古老的钱，是掘土的农具或者刀具、军事武器形状，这提醒我们，在钱币没有产生的那些年代，人们是以物易物的。从实物交换到拟实物交换，经过了漫长的历史。农具、刀具、军事武器形状钱币的存在，是从实物交换过渡到货币交换的一个证明。直到战国晚期，出现圆周方孔形钱币。

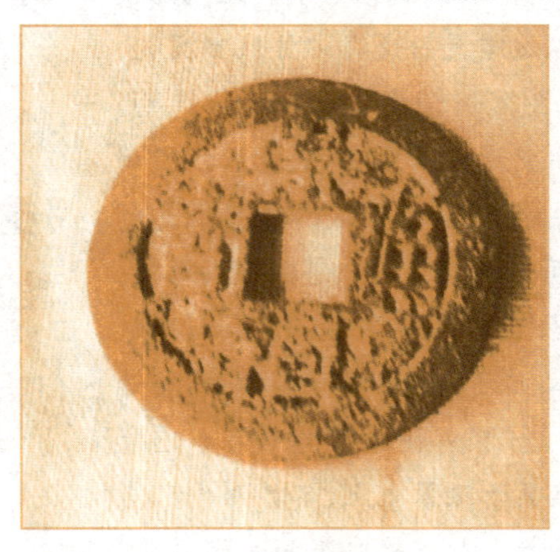

◎ 圆形方孔的铜币，称为孔方兄

例如，按市面的行情，一件石斧可交换两件陶罐，十件石斧可交换一只羊，这样，石斧既可体现陶罐的价值，又可体现羊的价值。假设以石斧为媒介，一只羊则可交换二十件陶罐。最初的一些商品，诸如海贝、龟壳、兽皮、牲畜、生产工具、武器等都曾充当过“一般等价物”。后来，随着交换范围的扩大，充当等价物的商品大多被淘汰，只有少数奇缺难寻的海贝、龟壳、刀、铸等从商品范畴中分化出来成为专用等价物的特殊商品，即所谓货币。正如马克思所说：“随着劳动产品转化为商品，商品就在同一程度上转化为货币。”

钱币变成纯代物性质，本身并不标志它的物质价格，只是商品交换双方的一种信用代替。圆形方孔的钱，便于携带和计数。以绳贯穿之，依定制千枚为一贯，所以中国成语就有了万贯家财、腰缠万贯、粟红贯朽等成语。

◎ 古币之原始空首布(春秋)

万贯家财，自然是形容财富之丰，价值万贯钱。元代无名氏《玩江亭》第一折：“牛璘有万贯家财，在赵江梅家作赘。”一贯就是一千枚铜钱，所以算大财富了。但是古人也说：“万贯家财总有花光的时候，一技在身可以在花光财富时养家糊口，亦可

◎ 汉代圆形的钱币

以积攒财富使其再增长。除非在有生之年万贯家财花不完。”这话说得也不错。

◎ 形似农具的钱币

粟红贯朽，语出《汉书·贾捐之传》：“太仓之粟，红腐而不可食；都内之钱，贯朽而不可校。”颜师古有注：“粟久腐坏则色红赤也。”谓粮食霉烂，钱贯朽坏，是形容财富多。粟：小米；红，指腐烂变质；贯：穿钱的绳子；朽：腐烂。小米发红变质了，储存的粮食都发霉了，钱花不了存放得时间太长，穿钱的绳子都腐烂了。清代褚人获笔记《坚瓠十集·反乞巧文》：“膏粱素封，粟红贯朽，问以十字，不识八九。”这个成语亦写作“粟陈贯朽”。明代王錂《寻亲记·告借》：“你如今万廪千仓，粟陈贯朽，每日劳劳碌碌，使尽机谋，如今半百之秋，又无男女，还不修善，更待何时？”

◎ 铲形币

腰缠万贯，是很形象的成语。古人出门带钱，为了安全，一般是穿成串，像腰带一样缠在腰间。不过这只是形容钱多，真的有万贯也不可能全缠在腰间炫富,况且也没有那么大的力气。南朝梁代殷芸的《小说·吴蜀人》写得好极了:“有客相从,各言所志,或愿为扬州刺史,或愿多赀财,或愿骑鹤上升。其一人曰:‘腰缠十万贯,骑鹤上扬州。’欲兼三者。”说的是有四位公子在扬州瘦西湖畔饮酒,聊天中吹一吹自己的志向。一个说但愿能混个扬州刺史,一个说想要很多的钱,一个说骑上红顶白羽的仙鹤去琼楼玉宇度余生。最后那个人说得最全面:“腰缠十万贯,骑鹤上扬州。”既想有钱,又想当官,也想悠闲享受,什么都兼有。这个成语形容家境富裕、钱财丰足,它还被引用到“恶贯满盈”中。恶贯满盈,形容罪恶极多,就像穿钱一样,已经穿满了整条绳子。这样的比喻有明显的感情色彩,但也说明如果心思不正,钱太多了容易做坏事。

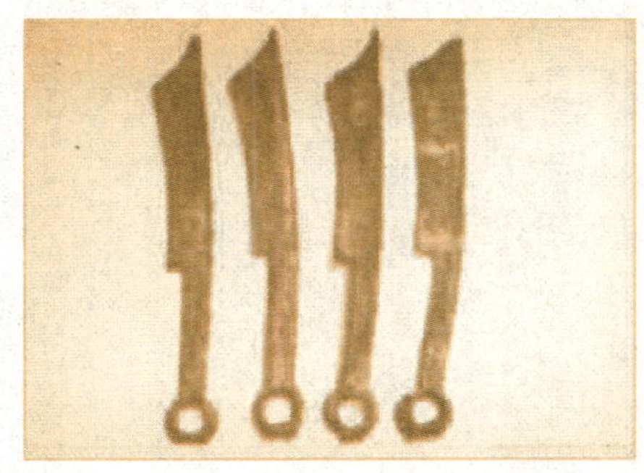

◎ 刀币

钱可通神,也是一个成语。但是这不是真正性的概括,而是对一种奇怪现象的揭示。太相信钱的力量,是个社会问题。但钱在很多时候却能够做成好事,也能够做成坏事,并不是钱的功与过,而是执钱的人的责任。考“钱可通神”一语,出自张固《幽闲鼓吹》。《太平广记》辑唐代张固所撰《幽闲鼓吹》,书中收入了《张延赏》这篇文章:

相国张延赏将判度支,知有一大狱,颇有冤滥,每甚扼腕。及判使,即召狱吏严诫之,且曰:“此狱已久,旬日须了。”明旦视事,案上有一小帖子,曰:“钱三万贯,乞不问此狱。”公大怒,更促之。明日帖子复来,曰:“钱五万贯。”公益怒,命两日

◎ 嘉庆本《太平广记》

须毕。明日复见帖子，曰：“钱十万。”公曰：“钱至十万，可通神矣！无不可回之事。吾惧及祸，不得不止。”

显然，张固写这篇笔记的用意是抨击金钱万能论的。唐代官员张延赏任判官时接手了一个棘手大案。因为内有冤情，他便强调办事效率，决心十日结清此案。他发现他要查办的是“度支”（约为今之财政部部长），但是并不怕他。他召集狱吏，严加要求。可是办案的第一天，他的办公桌上有人送来一张字条：“**钱三万贯，乞不问此狱。**”想给他三万贯钱，把案子撤销。这分明是买通判官，逃脱审判。张见条大怒，更加催促结案。第二天，他桌子上的小字条已把贿金增为五万贯了。他仍然不接受贿赂，更加发火地要在两天之内将案犯捉拿归案。到了第三天，张延赏见再次送来的字条上已开出贿款十万，可这回他便欣然接受了贿赂。他的话是：“**钱至十万，可通神矣！无不可回之事。吾惧及祸，不得不止。**”他的意思是即使自己不想要这笔巨款，这钱也连接着自己的生命。

钱可通神、通人，但怎样用钱去“通”，却大有奥妙。这个意思在波斯有个相似的成语：钱可买鬼。这一命题，是要申说一点秘密：贿赂之法可没有买卖东西那么简单。就是说，能否让钱达到通神之效，全在于怎么运用钱。怎么运用钱，怎么用得巧，怎么做到卑琐中显潇洒，乞怜中露慷慨，热情中施冷酷，细究起来，奥妙无穷。要研究世风，不能不注意钱的这种滥用。

第四节 勤求贤隽食不遑
——成语与饮食文化

中国自古就有“民以食为天”之说，承认吃喝的重要地位。中国的饮食种类繁多，应有尽有：粮食谷物，各种可提供肉、蛋的动物，各种水果和蔬菜。这些东西已经被大家知晓了。但是人类的饮食文化主要表现为以下几点：

中国的饮食讲究五味、五香、五色，有成语为证：五味俱全、五味杂陈、五味调和、秀色可餐、香脆可口。

五行学说认为，世界是由金、木、水、火、土五种物质所构成的，一切事物无不与这五种物质相关联。所以菜肴的色、香、味也与五行挂钩。其实，“五”只是个复数，并不限于仅此五种。古人把甜、酸、苦、辣、咸定为五味，这是就口感、味觉而言；也有的把醋、酒、饴蜜、姜、盐作为五味，那是就物质而言。五味，是一种通过舌头品出的味觉印象，用成语来说叫“脍炙人口”。中国菜以滋味胜，味是中国菜的灵魂。中国人欣赏艺术，诗文、书画、音乐、舞蹈，也都讲究品位、玩味。中国饮食中的椒盐、酸辣、糖醋、香辣、麻辣、鱼香味、怪味等都是强调滋味的。古人说：“食无定味，适口者珍。”又说：“众口难调。”有的人赞赏味浓,有的人偏爱清淡。但是,原则上不是从营养学上考虑,而是要口感好。

中国饮食,也讲究视觉的"五色"。中国把红、黄、蓝、白、黑作为正色,其他为间色。饮食时通过舌口,获得味觉,也从五彩缤纷的菜肴,获得鲜明色彩,与味觉产生通感。如《山家清供》记载:"采芙蓉花,去心、蒂,汤焯之,同豆腐煮,红白交错,恍如雪霁之霞,名'雪霞羹'。"又如《居家必用事类全集》中有"四色荔"菜名,是用茄子、黄瓜、萝卜、羊肉四色拌菜,分作四碟,呈现四种颜色,也诱人品尝。

中国饮食也讲究嗅觉上的"五香",通常指烹调食物所用茴香、花椒、大料、桂皮、丁香等五种主要香料,即芒香类调味品。它的功能,是把有腥味、臊味、膻味的食品变得无异味,进而使食品清香扑鼻,增强人们的食欲。虽然也有像臭豆腐那样的食品,闻着臭,吃着香。芳香料除上述五种外,还有艾、草蒲、忍冬、花露、桂花、蔷薇、秋海棠、佛手、橙皮、橘皮等。色、香、味俱全,是中国烹饪的要义。

中国人的饮食都是热餐系列,用餐时要用围餐的形式,讲究阖家团圆。中国的吃饭多是一家人,或者朋友相聚围坐在一起,显得其乐融融。过去人们坐在八仙桌旁吃饭,有"八仙过海"的感觉,今天用圆桌用餐,也有"团团圆圆"的印象。吃的菜名很有诗味:水陆八珍、五福捧寿、满汉全席、阖家欢乐、五谷丰登。

中国的宴席丰盛必须备酒,自古有浅斟低唱、对酒当歌、借酒浇愁、酒酣耳热,甚至有非常过分的纸醉金迷、醉生梦死、一醉方休,真是今朝有酒今朝醉了。古代说酒好不好是以能不能醉人为标准的,所以有"杜康造酒醉刘伶"的说法。在《世说新语》中留下了许多晋人与酒的故事。不过最有名的饮酒诗是曹操的《短歌行》:"对酒当歌,人生几何?譬如朝露,去日苦多。慨当以慷,忧思难忘。何以解忧?唯有杜康。"这些句子都被广泛地使用,恐怕句句都会变成成语。李白的诗《将进酒》,不是在写喝酒,而是在抒发内心压抑的感情:

君不见黄河之水天上来,奔流到海不复回。
君不见高堂明镜悲白发,朝如青丝暮成雪。
人生得意须尽欢,莫使金樽空对月。
天生我材必有用,千金散尽还复来。
烹羊宰牛且为乐,会须一饮三百杯。
岑夫子,丹丘生,将进酒,杯莫停。
与君歌一曲,请君为我倾耳听。
钟鼓馔玉不足贵,但愿长醉不复醒。
古来圣贤皆寂寞,唯有饮者留其名。
陈王昔时宴平乐,斗酒十千恣欢谑。
主人何为言少钱,径须沽取对君酌。
五花马,千金裘,呼儿将出换美酒,与尔同销万古愁。

中国的食物讲究象征意义,是别的国度里极少见的。从食品的形象到吃法,再到吃的仪式,都特别讲究含义的丰富性。比如,每年的清明节不生火、吃冷食纪念介子推,上元节吃元宵象征团圆,端午节吃粽子纪念屈原,中秋节吃月饼象征丰富与团圆,年节则红红火火。

清明节的"清明",不仅是对自然季节"天朗气清"的期待,也是对政治"清正廉明"的企盼。春秋时期,晋公子重耳流亡在外。逃亡途中饿晕,臣下介子推割下大腿的肉给他吃。后来公子重耳成为晋文公,封赏忠臣忘了介子推。当重耳想起时,介子推洁身自好,不愿再做官,背着母亲隐居在绵山。重耳就放火烧山逼他出山,但大火烧了三天始终不见人下山,上山寻找发觉他和母亲已烧死了。在烧焦的柳树上发现了有血诗的衣襟，上写："割肉奉君尽丹心，但愿主公常清明。"于是重耳将放火烧山的这一天定为寒食节。第二年次日，重耳登山祭奠，发觉老柳树复活，赐名"清明柳"，并定节气为清明，以纪念介子推。这个故事也许太老了，人们不会想一想其中的期待是什么。

中国的饮食还有个特别的地方，就是渗入了生活的各个方面。生硬地学习别人的东西，叫"生吞活剥"；对于别人的东西，觉得没有味道，叫"味同嚼蜡"；只知道吸取而不能消化，叫"囫囵吞枣"；不加选择地学习，叫"饥不择食"；反复地思考问题，叫"再三斟酌"；急于学习，叫"如饥似渴""狼吞虎咽"；一转眼间吃完了桌上的东西，叫"风卷残云"。这些本来是饭桌上的词语全被用到生活的各个角落。形象生动，是无可指责的。但是，每当在隆重的场合，有不少的官员喜欢将盛大的展览、晚会、歌会，说成是"饕餮盛宴"时，笔者总觉得不舒服，真是一种恶，堪称最没出息的比喻。

第五节 儿着绣衣身衣锦
——成语与服饰文化

中国古代讲究吃喝、服饰，并不是社会的浮靡，而是经济发达、生活富足的表现。唐代杜甫的《丽人行》中写到长安水边的丽人，有"绣罗衣裳照暮春，蹙金孔雀银麒麟"，可见衣饰的华丽耀眼。这样的名句，给我们再现了那时的人们是多么重视衣装的美丽。李白的《清平调》也写过："云想衣裳花想容，春风拂槛露华浓。若非群玉山头见，会向瑶台月下逢。"他是通过衣饰写杨贵妃的花容月貌，可惜我们没有读懂。论者说："是诗人设想云朵想与杨贵妃的衣裳媲美，花儿想与杨贵妃的容貌比妍。"说错了。这里不是在写花和云，而是在写主人公的美，应该解作：衣裳的美让人联想到云，容貌的美让人联想到花。这是不能随便乱说的。

与中国服饰相关的成语很多，我们分几个方面研究。

衣与成语

今天我们说的衣裳，是对服饰上、下衣的统称，古代却将衣与裳分得很清楚。许慎《说文解字》称："上曰衣，下曰常（裳）。"段玉裁注释："常（裳），下裙也。"裳是一种裙状的能够遮住下身的服装。

成语"颠倒衣裳"出自《诗经·齐风·东方未明》："东方未明，颠倒衣裳。颠之倒之，自公召之。"齐国的一个小吏没有按时早朝。被召见时，还没有起床，连忙穿衣，却分不清衣与裳，穿倒了。但是词义在后来演化成比喻伦常失秩，就使用了成语的本义。形容在匆忙中乱了秩序，如《后汉书·班彪列传》中说"四方之士，颠倒衣裳"，就是指四方之士急匆匆争相归附。这个成语在使用时应该特别注意要恰如其分。《诗经》中还有"绿衣黄裳""绿衣黄领""京衣朱襮（白衣红领）"等记述，此外，也指衣与衣之间搭配得好。《诗经·卫风·硕人》中的"衣锦䌹衣"，是指在锦衣外面再配上麻纱单罩衣，目的是掩盖锦衣的华丽。"衣锦䌹衣"已经成为习用的成语，比喻不故意炫耀于人。

其实古代的风俗告诉我们，中国人崇尚华丽，也提倡朴素的“衣不重帛，食不兼肉”。出于《尹文子·大道上》：“昔国苦奢，文公以俭矫之，乃衣不重帛，食不兼肉。未几时，人皆大布之衣，脱粟之饭。”这是春秋五霸之一的晋文公（重耳）一段反对奢侈、提倡俭朴的故事。当时晋国奢侈之风盛行，文公以自身的节俭矫正这种风气，“衣不重帛，食不兼肉”，不穿重重相叠的衣服，吃饭不吃两道肉食。在他的带动下，不久，人们都穿布衣，吃糙米饭。后来，“衣不重帛，食不兼肉”成了成语，形容人们在衣食方面节俭朴素。这里不但可以看出中国古代的俭朴风俗，还让我们认识到：对于风气的形成和变迁，政治的作用、政权的力量也是不能低估的。

成语“荆钗布裙”的故事也是讲衣着俭朴的。《列女传》：“梁鸿妻孟光，荆钗布裙。”相传为汉代一对佳偶梁鸿、孟光的故事。梁鸿因家贫好学，重于操守，很有点名气。孟光为富家女子，贤德有教养，只是相貌肥而黑，能力举石臼，有点像个男子。当时梁鸿不愿意同达官贵人家的女子结婚，却偏与孟光相互仰慕。初婚时，孟光高兴地穿着锦绣衣服，戴着金银珠宝饰物，梁鸿却对她批评说：“你贤德有名，却想不到也这样爱打扮。岂是我的心愿？”从此，孟光脱下华丽的结婚服，以荆为钗，粗布为裙，操持家务，与丈夫举案齐眉。后孟光随梁鸿隐居霸陵山中。这个故事被后人归纳出两个成语：荆钗布裙、举案齐眉。荆钗布裙指贫穷或节俭的妇女简陋寒素的服饰，亦作“布裙荆钗”。把自己的妻子谦称为“拙荆”也源于这个故事。

与此相反的还有一个成语“纨绔子弟”，我们今天容易理解错，不妨说说。

纨绔子弟，语出《汉书·叙传上》：“出与王、许子弟为群，在于绮襦纨裤之间，非其好也。”《宋史·鲁宗道传》：“馆阁育天下英才，岂纨绔子弟得以恩泽处耶？”“纨绔子弟”和“花花公子”泛称服饰华美、只会享受的富家子弟。中国古代的裤在全裆裤出现之前，开裆裤，与裳、袍等配穿的小腿避寒之衣称作“绔”或“袴”。全裆之裤是北方游牧民族的衣着，属胡服。战国时赵武灵王推行“胡服骑射”之后，中原汉族才开始穿全裆长裤，这与战争形式的变化有关。不过开裆裤也不会“露光”，因为外边还有裙和袴。

◎ 早期的裤子都是开裆裤

不衫不履：衫，上衣；履，鞋子。不穿衫，不穿鞋，形容不修边幅的样子。语出自唐代杜光庭《虬髯客传》：“既而太宗至，不衫不履，裼裘而来，神气扬扬，貌与常异。”衫是宽松轻薄的单衣，不用衬里，比较薄，对襟，衣袖宽大，不用交领，为了宽松。衫是暖热天气之衣，取其宽松。衫与袍的区别在于，袍为大襟交领，且袍本为取暖之厚

◎ 上为衣，下为裳

衣。衫与襦的区别是，襦为交领短衣。晋代束皙《近游赋》有“设明襦以御冬，胁汗衫以当热”，说明了这种区别。

古人着装宽松随意，袖子既长且大。说一位官员廉洁，最高的称赞，用成语“两袖清风”。说得很形象，虽然宽袍大袖，但是抖擞双袖，内无分文贪污，唯有阵阵清风。“长袖善舞”使人仿佛看到古代舞女衣袖飘飞的优美姿态；“峨冠博带”使人联想到古代高士超迈独行的儒雅风度；“拂袖而去”是说不同意对方意见时的退席风度。古人袖中有袋，可以藏物，故有成语：袖里藏刀、袖里藏剑、袖里藏金。但是成语“袖中藏火”，是说袖里不能收藏可能伤害自己的危险物品。今天我们说的“袖珍图书”“袖珍手机”，甚至“袖珍美人”，都不明白为什么叫袖珍。美人再小，放在袖子里也放不下。袖珍，也就是小型的意思了。凡此种种，十分有趣。

冠戴与成语

中国的服饰中对头与脚是特别看重的。看一个人美不美，有没有风度，从头看到脚，上下就很重要。俗语中说人打扮得好看：“头是头，脚是脚。”所以，有一些成语从不同的角度表现冠。

有的成语表示从衣冠看身份。

峨冠博带：高帽子和阔衣带，这是古代士大夫的装束。峨：高；博：阔。元代关汉卿《谢天香》第一折：“必定是峨冠博带一个名士大夫。”

冠冕堂皇，见清代文康《儿女英雄传》：“便该合我家琐屑，无所不谈，怎么倒一副冠冕堂皇？”形容表面上庄严体面或正大的样子。常常表达一种讽刺义。

衣冠楚楚，出自《诗经·曹风·蜉蝣》："蜉蝣之羽，衣裳楚楚。"楚楚：鲜明、整洁的样子。此成语指衣帽穿戴得很整齐，很漂亮，人显得很有身份的样子。

弹冠相庆，见东汉班固《汉书·王吉传》："吉与贡禹为友，世称'王阳在位，贡公弹冠'。"掸去帽子上的灰尘，整理好衣服，庆贺升官。

方巾阔服：古代儒生的装束。方巾，古代秀才的方形头饰；阔服，宽松的衣服。清代吴敬梓《儒林外史》第十八回："正说得热闹，街上又遇着两个方巾阔服的。"

挂冠归隐：丢了冠帽，指辞官归隐。清代李汝珍《镜花缘》第十五回："嗣因谗奸当道，朝政日非，老夫……随即挂冠而归。"

褒衣危冠：古代儒生的装束，指宽袍高帽。褒衣：宽大的衣服；危冠：高帽子。唐代韩愈《上巳日燕太学听弹琴诗序》："献酬有容，歌风雅之古辞，斥夷狄之新声。褒衣危冠，兴兴如此。"

冠袍带履：帽子、袍子、带子、鞋子。原指旧时帝王官宦上朝时或聚会时穿的服装。清代曹雪芹《红楼梦》第七十八回："一个捧着文房四宝，一个捧着冠袍带履。"

华冠丽服：形容衣着华丽。冠：帽子。清代曹雪芹《红楼梦》第三回："又行了半日，忽见街北蹲着两个大石狮子，三间兽头大门，门前列坐着十来个华冠丽服之人，正门不开，只东西两角门有人出入。"

有的成语是从衣冠形容人的情绪状态。

怒发冲冠，原出自司马迁《史记·廉颇蔺相如列传》："王授璧，相如因持璧却立，倚柱，怒发上冲冠。"指愤怒得头发直竖，夸张说顶起帽子，形容极端愤怒。

戴鸡佩豚，原出自司马迁《史记·仲尼弟子列传》："子路性鄙，好勇力，志伉直，冠雄鸡，佩豭豚。"戴雄鸡形的帽子，佩野猪形的饰物。雄鸡、野猪都是好斗形象，表示勇武。

毁冠裂裳：毁坏帽子和衣裳，用作表示彻底决裂的意思。《后汉书·周燮传》："（冯良）耻在厮役，因坏车杀马，毁冠裂裳，乃遁至犍为，从杜抚学。"郭沫若在《今日新文字运动所应取的路向》中用过这个成语："譬如有一批人是为要拥护中国的旧礼教、旧道德，以为新文字运动者是毁冠裂裳的叛逆。"

有的成语是借冠来叙述人的风仪。

结缨伏剑，语出《左传·哀公十五年》："子路曰：'君子死，冠不免。'结缨而死。"说的是子路在战死前还要系好帽子带，不愿意死得太狼狈。南朝梁江淹《狱中上建平王书》："常欲结缨伏剑，少谢万一。"子路系好帽子上的带，江淹进一步用此义，说死前要保持尊严，表示从容就义。

科头跣足，见司马迁《史记·张仪列传》："虎贲之士跿跔科头。"《新五代史·王彦章传》："彦章为人骁勇有力，能跣足履棘行百步。"科头：不戴帽子，露着头；跣足，光着脚。形容困苦或生活散漫。也表示人不修边幅，穿着随便。《海上花列传》第三十八回："从厢房廊下穿去，隐约玻璃窗内有许多人，科头跣足，阔论高谈。"

雨巾风帽：遮蔽风雨的头巾和帽子，常借指浪游之客。宋代朱敦儒《感皇恩·游园感旧》："主人好事，坐客雨巾风帽。"宋代陈三聘《梦玉人引》："雨巾风帽，昔追游，谁念旧踪迹。"

也有的成语是借冠讲述哲理。

正冠纳履、瓜田李下，见《乐府诗集·相和歌辞七·君子行》："君子防未然，不处嫌疑间。瓜田不纳履，李下不整冠。"端正帽子，穿好鞋子。古时讲李树下不要弄帽子，瓜田里不要弄鞋子，以避嫌。

张冠李戴，语出明朝田艺蘅《留青日札》卷二十二《张公帽赋》："谚云：'张公帽掇在李公头上。'有人作赋云：'物各有主，貌贵相宜。窃张公之帽也，假李老而戴之。'"把姓张的人的帽子戴到姓李的人的头上。比喻认错了对象，弄错了事实。

鞋袜与成语

铁鞋踏破，鞋子一般为布、皮所制，夸张地说成铁鞋，比喻长途跋涉、到处寻找的艰难，多么结实的鞋子也磨坏了。清代孔尚任《桃花扇·逃难》："便天涯海崖，天涯海崖，十洲方外，铁鞋踏破三千界。"

夏商时代，人们脚上穿的是形似拖鞋的鞋子；周代称屦，即麻鞋；春秋时代，有屐等各式鞋子，丝织品缝制的鞋子也开始在士大夫中流行。那时，把单底的鞋叫"履"，复底的鞋称"舄"。秦汉开始，木屐在社会上开始流行。南北朝时，南方仕宦仍穿丝履，北方人则足蹬短靴。到三国时，袜子才由自夏代沿袭而来的三角形变成丝线编织成的脚形，与现在的袜形相似。

青鞋布袜，特指平民的服装。旧时隐士的生活装束也是如此。杜甫《奉先刘少府新画山水障歌》："吾独何为在泥滓？青鞋布袜从此始。"封建社会里的妇女从小被迫把脚裹成三寸金莲，行走困难。现代妇女解放，早就摒弃缠足的陋习，而反映这种现象的成语"裹足不前"却被保留下来，形容停止不前，多指心存畏怯、顾虑，也指思想保守。

分鞋破镜、分钗破镜，意思是一样的。钗是双股，若劈开就破坏了；镜是完整的，分开也不能用了。两者都比喻夫妻分离，分别见于两个典故。破镜，见于唐代孟棨《本事诗·情感》：

陈太子舍人徐德言之妻，后主叔宝之妹，封乐昌公主，才色冠绝。时陈政方乱，德言知不相保，谓其妻曰："以君之才容，国亡必入权豪之家，斯永绝矣。傥情缘未断，犹冀相见，宜有以信之。"乃破一镜，人执其半，约曰："他日必以正月望日卖于都市，我当在，即以是日访之。"及陈亡，其妻果入越公杨素之家，宠嬖殊厚。德言流离辛苦，仅能至京，遂以正月望日访于都市。有苍头卖半镜者，大高其价，人皆笑之。德言直引至其居，设食，具言其故，出半镜以合之，乃题诗曰："镜与人俱去，镜归人不归。无复嫦娥影，空留明月辉。"陈氏得诗，涕泣不食。素知之，怆然改容，即召德言，还其妻，仍厚遗之。闻者无不感叹。仍乃与德言陈氏偕饮，令陈氏为诗，曰："今日何迁次，新官对旧官。笑啼俱不敢，方验做人难。"遂与德言归江南，竟以终老。

说的是南朝陈徐德言娶陈后主妹乐昌公主为妻，公主有才有貌。时当陈亡之际，徐德言预料不能夫妻相守下去了，但是依依不舍。于是割开一面铜镜，夫妻各执取一半为信物，相约日后合镜相会，破镜重圆。后终于相见，夫妻团圆。

分鞋，见于元代陶宗仪《辍耕录·贤妻致贵》：

程公鹏举，在宋季被虏，于兴元版桥张万户家为奴。张以虏到宦家女某氏妻之。既婚之三日，却窃谓其夫曰："观君之才貌，非久在人后者，何不为去计？而甘心于此乎？"夫疑其试己也，诉于张。张命棰之。越三日，复告曰："君若去，必可成大器。否则终为人奴耳。"夫愈疑之，又诉于张，张命出之，遂粥于市人家。妻临行，以所穿绣鞋一易程一履，泣而曰："期执此相见矣。"程感悟，奔归宋，时年十七八，以荫补人官。迨国朝统一海宇，程为陕西行省参知政事。自与妻别，已三十余年。义其为人，未尝再娶。至是，遣人携向之鞋履，往兴元访求之。市家云:"此妇到吾家,执作甚勤,遏夜未尝解衣以寝,每纺续达旦,毅然莫可犯。吾妻异之,视如己女,将半载,以所成布匹偿元粥镪物,乞身为尼,吾妻施赀以成其志,见居城南某庵中。"所遣人即往寻,见,以曝衣为由,故遗鞋履在地。尼见之,询其所从来。曰:"吾主翁程参政使寻其偶耳。"尼出鞋履示之,合,亟拜曰:"主母也。"尼曰:"鞋履复全,吾之愿毕矣。"妇见程相公与夫人,为道致意,竟不再出。告以参政未尝娶,终不出。旋报程,移文本省,遣使檄兴元路。路官为具礼,委幕属李克复防护其车舆至陕西,重为夫妇焉。

宋程鹏举被虏于张万户家为奴,娶张所虏宦家女某氏为妻。妻见程才貌不凡,非久居人后者,屡劝程逃亡。程疑妻受张所使试探自己,即以告张,妻因此被张赶出。妻临行,脱绣鞋一只换程鞋一只,期望日后执此相见。最后亦是大团圆结局。

分钗、分镜、分鞋,三个故事大致相同,都是夫妻相爱、相期、相约的情节。这是古代一种风俗,有很高的研究价值。

首饰与成语

动物的美丽有两个作用,一来是吸引异性,让对方特别注意;二来是隐蔽身体,让对方看不见自己。人类的身体特征随着进化的加强,仍然没有离开装饰自己的思路,也是第一是想引人注意,第二是让人不注意。有特别目的的人出行,是要故意在打扮上隐蔽自己,而更多的情况下,人们努力让自己出色一点,是为了吸引别人,首饰的主要意义就在此。

中国成语中形容首饰之多,用"珠围玉绕",真是难以想

◎ 指饰：鸡血玉扳指儿

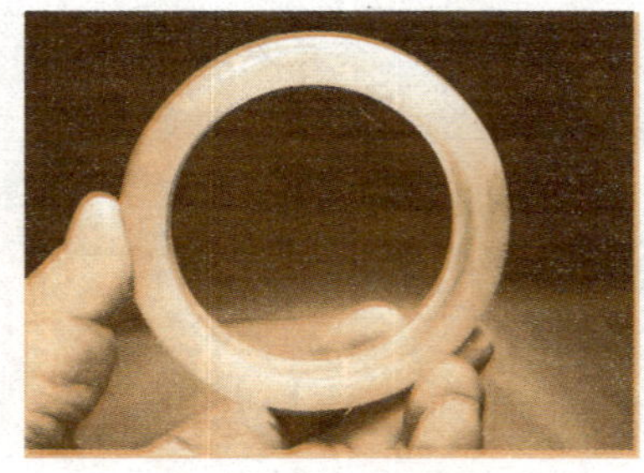

◎ 玛瑙臂饰

◎ 云鬓花钗金步摇

象的华丽影像。汉代的《陌上桑》写罗敷“头上倭堕髻，耳中明月珠；缃绮为下裙，紫绮为上襦”。不但服装华丽，首饰也够讲究。可是今天我们只能从舞台上贵妃之类的形象中看到了。她们不但穿着华丽，首饰之多，也“武装到牙齿”。主要有头部装饰品和手、脚、项、臂上的饰物。手腕上有手镯，脚上有脚镯、脚链，项上有金项圈、银项圈、金锁、银锁，臂上还有金银玉的臂饰，手指上还有玉扳指儿。身体上的这些装饰多是金、银、珍珠、宝石、玛瑙、翡翠，既显得富贵豪华，也能增加身体的光彩和生动性。

但是最繁复的是头上的饰物。如簪、钗、步摇、梳子、头花、耳饰、项饰等。固定发型的金银簪，单股为“簪”，双股称为“钗”。金代元好问《古乌夜啼·玉簪》：“花中闲远风流，一枝秋。只枉十分清瘦不禁愁。人欲去，花无语，更迟留。记得玉人遗下玉搔头。”

簪钗上面带珠链的叫“步摇”，珠链用一根细丝状的金银或骨棍相连，颤悠悠地插在盘髻上，走起路来一步一摇，由此得名。《释名·释首饰》："步摇，上有垂珠，步则摇曳。"中国最早记载步摇的是宋玉《风赋》："主人之女，垂珠步摇。"中国古代对女人走路有很多要求，是既稳重也得生动。最贵族化的姿态就是走路"移步不换形"，飘然而至，但是故意又戴步摇，说明要让女人美丽，也得有点生动活泼。古代如何使用金钗，我们是难以想象的。明代田艺蘅在《留青日札》中写道："古乐府《河中曲》咏莫愁'头上金钗十二行，足下丝缕五文章'，后人不解，遂误以为金钗美人十二行，殊不知古妇人髻高，故能插金钗十二行，乃六双也。"真可以说是叹为观止了！

◎ 钗

华贵的服饰也并不是仅仅用于宝贵有闲者，"裙钗"中也有女中丈夫，被称为中国第一位女将军的，是四千年前商代的妇好。在安阳殷墟博物馆陈列着她的墓葬品。竟然有精美的玉笄二十多件，雕花骨笄多至四百九十多件，想不到在她战盔下，也有美妙的发髻和簪钗。这使人想起古代写从军的花木兰归来后"对镜贴花黄"的情节并不是虚构的。

◎ 发簪

由簪生成的成语有很多：遗簪坠履、瓶沉簪折、遗簪弊履。这是因为古人的头发终生不剪，有“身体发肤，受之父母，不敢毁伤”之说。梳成发髻后需要固定起来，簪为固定头发而发明的器具。由于用的簪有不同的质地、不同的花色，也就将人分为若干身份，或者表示不同的情感意义。唐代白居易《采莲曲》：“逢郎欲语低头笑，碧玉搔头落水中。”宋代吴文英《燕归梁》：“白玉搔头坠髻松，怯冷翠裙重。”说的就是这种簪子。

◎ 篦

成语中的“遗簪”，初见于《韩诗外传》卷九：“孔子出游，遇一妇人失落簪子而哀哭。孔子弟子劝慰她。妇人曰：‘非伤亡簪也，吾所以悲者，盖不忘故也。’”后以“遗簪”比喻旧物或故情的失去。《史记·滑稽列传》：“前有堕珥，后有遗簪。”是说情感的。因此，清代钱谦益诗《房海客侍御初度赋长句十四韵为寿》有：“去国味如初下第，挂冠情比旧遗簪。”“遗簪弊履”，出自《北齐书·高德政传》：“魏静帝曰：‘人念遗簪弊屦，欲与六宫别，可乎？’乃与夫人宾卿以下诀别，莫不嘘唏掩涕。”比喻旧物、旧情。

梳子，今天还在用，头花也没有失传，但古代的头花极讲究。栉风沐雨、梳妆打扮、梳云掠月这些成语有所体现。古代梳理头发的工具主要是梳子和篦子两种，篦比梳齿密些。梳子是为整理头发之用，而篦子是为了清理发中的泥垢。梳和篦统称为栉，成语“栉风沐雨”，出自《庄子·天下》：“沐甚雨，栉疾风。”就是说风好像梳子一样弄着我们的头发，雨像让人沐浴一样浇着身体，比喻辛苦奔波，不顾风雨。这是很形象的比喻。晋代傅咸《栉赋》中写到了“我嘉兹栉，恶乱好理。一发不顺，实以为耻”，是说梳理乱发是很重要的，头发散乱而不加梳理，是一种羞耻事。有的成语如“蓬头垢面”“披头散发”，就是形容头发太乱太脏，这是不好的。古代梳头是女子出门见人前必做的事情。成语“梳云掠月”，出自元代王实甫《西厢记》：“枉蠢了他梳云掠月，羞了他惜玉怜香。”极为生动地描写了梳头的细致和美丽。古代称头发黑为绿云，面孔光洁白细为月面。

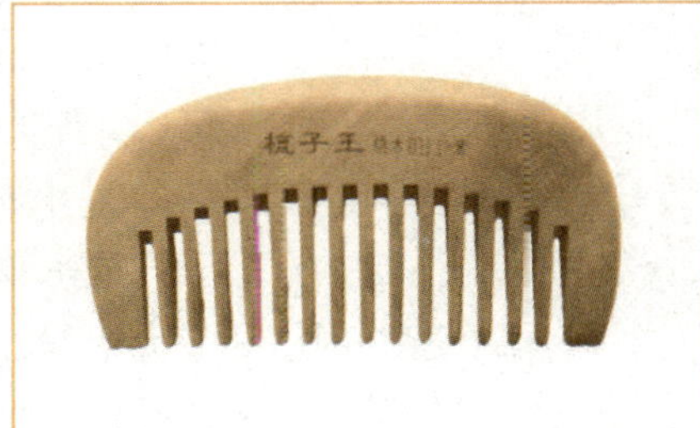

◎ 梳子

古代的梳子、篦子不仅用于梳理头发，也作为装饰插在头上。魏晋时代女子插梳风气已经形成；到了唐代，女子喜欢在发髻上插几把小梳子为装饰，露出半月形梳背，有的多至十来把。唐代诗人元稹在《恨妆成》中写道：“满头行小梳，当面施圆靥。”可以证明那时的女子喜欢用小梳子妆饰头发。而王建在《宫词》中写道：“舞处春风吹落地，归来别赐一头梳。”美女一曲舞毕，被赏了一头的梳子。花蕊夫人在《宫词》中也写道：“罗衫玉带最风流，斜插银篦慢裹头。”

成语中有“花枝招展”“插花戴朵”“花团锦簇”“珠光宝气”等，形容盛装景象一点也不过分。古典主义的打扮一般是以华丽趋同为主，现代已经演变为各种风格，更向着个性化、多样化发展。

耳饰，有耳坠、耳环、耳钉，也让女人显得生动华贵。宋代丘浚《赠羊太守》诗写道：“碧晴蛮婢头蒙布，黑面胡儿耳带环。”清代李渔在《闲情偶寄》中说：“饰耳之环，愈小愈佳，或

◎ 耳钉

珠一粒，或金银一点，此家常佩戴之物，俗名丁香，肖其形也。”这种丁香耳环与今天的耳钉很相似。

在古代，簪钗不仅是装饰品，还与一生的命运相连。簪的前身是“笄”，我国在新石器时代已经普遍使用。原为骨质，用牛、羊、猪、鹿的骨做成。后有石、陶、贝、荆、竹、木、玉、铜、金、象牙、牛角、玳瑁等材料的笄。女子十五岁成年，如果许婚，要结发上笄，称为“上头”，行过“笄礼”的，就算“长大成人”，可以婚嫁了，称“及笄”。男子年二十称“冠礼”，行成年礼。男子要在头顶盘结，戴冠。冠的左右两侧预留两个小孔，用簪横穿发髻，加以固定。男子“冠礼”、女子“笄礼”之后，便有成语说的“男婚女嫁”“谈婚论嫁”，是人生的重要转折。未成年女子一般不用插簪钗，通常是将头发束在头部两侧，梳成树丫或兽角状，叫“丫角”。古人之所以称童年为“总角”，女孩称“丫头”，其名称就来源于幼年的发型和发饰。所以成语“总角之交”就是指从童年就相好的男女交情。古代称女孩为“丫头”并没有轻视的意思。

华胜，即花胜。古代妇女的一种花形首饰，通常制成花草的美丽形式插在髻上或缀于额前。《山海经·西山经》记载：“西王母其状如人，豹尾、虎齿而善啸，蓬发戴胜。”《释名·释首饰》：“华胜，华，像草木之华也；胜，言人形容正等，一人著之则胜，蔽发前为饰也。”《汉书·司马相如传》：“皓然白首戴胜而穴处兮。”唐颜师古注：“胜，妇人之首饰也，汉代谓之华胜。”

如果一生的婚姻维持得好，人们常用成语海誓山盟、夫荣妻贵、相伴终生、与君偕老、白头到老，来表示恩爱夫妻。中国最早的典故出自《诗经》：“君子偕老，副笄六珈。”这“副”是盖头饰，“珈”则是指发笄下的金玉垂饰，所以“君子偕老”的后一句是“副笄六珈”，用以形容贵妇人盛装的头饰。女性总是与衣裙、簪钗分不开，所以不论尊卑贵贱，常以“裙钗”和“簪钗”代表女性，《红楼梦》中的十二名女主角，世人称之为十二金钗。中国人的身体装饰如此繁复和精致在世界上是数第一的，服饰与中国人的生命息息相关，在世界上也属罕见。

一旦夫妻、爱人分开，也有成语：分钗断带。出自南朝时梁代陆罩《闺怨》诗：“自怜断带日，偏恨分钗时。”钗分开，带断了，比喻夫妻的离别。与镜破钗分、分钗劈凤意思一样。

化妆与成语

中国妇女用妆粉化妆至少在战国就出现了。古老的妆粉，一种是以米粉研碎制成；一种是将白铅化成糊状，俗称“胡粉”。因为它是化铅而成，所以叫“铅华”，成语有“洗尽铅华”就是洗去化妆粉。妆粉敷面，为了使皮肤光洁些。关于米粉的制作方法，在《齐民要术》里是用一个圆形的粉钵盛以米汁，使其沉淀，制成一种洁白粉腻的“粉英”，然后放在日中曝晒，晒干后的粉末即可用来妆面。铅粉，实际上包含了铅、锡、铝、锌等各种化学元素，最初用于妇女妆面的铅粉还没有经过脱水处理，所以多呈糊状。自汉代以后，铅粉多被吸干水分制成粉末或固体形状。这种化妆品对人体是有害的。在宋代，有以石膏、滑石、蚌粉、蜡脂、壳麝及益母草等材料调和而成的“玉女桃花粉”。明代有用白色茉莉花仁提炼而成的“珍珠粉”以及用玉簪花合胡粉制成玉簪之状的“玉簪粉”。清代有以珍珠加工而成的“珠粉”以及用滑石等细石研磨而成的“石粉”，等等。洗尽铅华，指女子虽出身富贵、生活安逸，但是从低俗与世俗中脱离出来。铅，古代用于化妆；华，外边的华丽。意思是洗掉伪装世俗的外表，不施粉黛，不藏心机，具有清新脱俗、淡雅如菊的气质。

服饰与社会等级

中国长期的奴隶社会、封建社会里，服饰文化中渗透了等级观念，是不必讳言的。服饰的制式、质料、图案、色彩、名称，都是有所不同的。

◎ 中国丝织的龙袍

古代帝后服饰是个庞大的系统。历史上每个朝代创立时，开国之君忘记不了的事是“易服色”，就是确定帝后的冠服、百官服饰及礼仪、仪仗服饰样式，形成一个朝代特有的冠服体制。从商周时期以来的各朝代的帝后服饰各式各样，令人目不暇接。每一朝代帝后服饰从头到脚组成部分极为繁缛，根据不同的场合会有不同的装束，上朝、出巡、狩猎、祭祀、庆典、礼宾、红事、白事、休闲，均有不同的服装。不但皇帝如此，文武百官上朝、出行也不能随便穿着。《左传·桓公二年》：“衮、冕、黻、珽，带、裳、幅、舄，衡、紞、纮、綖，昭其度也。……火、龙、黼、黻，昭其文也。”

成语“黼黻文章”即源于服饰制度。《荀子·非相》说：“赠人以言，重于金石珠玉；观人以言，美于黼黻文章。”意思是说，把良言送给别人，比赠送金银珠玉还要珍贵；通过善言观人，比通过花纹衣裳看人更好。

衮衣西归：功勋卓著，位拜三公而归。相传闻公东征，周大夫为作《九罭》。其辞曰：“九罭之鱼鳟鲂，我觏之子，衮衣绣裳。”又曰：“是以有衮衣兮，无以我公归，无使我心悲兮。”很多含有紫、金、黄等字的成语常常表示高贵，如拖金委紫、怀金拖紫、金章紫绶。唐代公服已采用袍制，两袖仍窄小，下配乌皮履。贞观四年(630)定公服颜色共分为四等：一至三品穿紫袍，四品和五品穿绯袍，六品和七品穿绿袍，八品和九品穿青袍。中国读书人的梦想是出人头地，成语“脱白换绿”，就是脱掉白布衣，成为穿官服的人。

◎ 唐代的服装

宋代官吏戴梁冠将等级划分得鲜明，所以官服颜色不再分出深浅，仍用紫、绯、绿、青四色，对应官位与唐相同。宋元丰年间，官服取消了青色，四品以上用紫，四至六品用绯，六至九品用绿；在款式上，宋代与唐代的官服有一些区别。唐、宋时都用圆领，宋代用宽袖。

元代官服也用紫、绯、绿三色，但在官服上绣织纹样区别官阶。一至五品，虽然同为紫衣，但一品饰大独朵花，花径五寸；二品饰小独朵花，径三寸；三品饰散花，径二寸，无枝叶；

四、五品饰小杂花，径一寸五分；六、七品衣用绯色，皆饰小杂花，径一寸；八、九品衣用绿色，素而无纹。穿官服时一律戴漆纱制成的展角幞头。

《明史·志第四十三·舆服三》："二十四年定，公、侯、驸马、伯服，绣麒麟、白泽。文官一品仙鹤，二品锦鸡，三品孔雀，四品云雁，五品白鹇，六品鹭鸶，七品鸂鶒，八品黄鹂，九品鹌鹑；杂职练鹊；风宪官獬廌。武官一品、二品狮子，三品、四品虎豹，五品熊罴，六品、七品彪，八品犀牛，九品海马。又令品官常服用杂色纻丝、绫罗、彩绣。官吏衣服、帐幔，不许用玄、黄、紫三色，并织绣龙凤文，违者罪及染造之人。朝见人员，四时并用色衣，不许纯素。"明代官员的服饰规定：文官官服绣禽，武将官服绣兽。文官一品至四品绯袍；五品、六品和七品青袍；八品、九品绿袍。武将一品至四品绯袍；五品至七品青袍；八品、九品绿袍。所以人们称官员为"衣冠禽兽"，后来就演为成语。

其他如衣冠楚楚、衣冠土枭、衣冠扫地、衣冠礼乐、衣冠齐楚、衣冠优孟、衣衫褴褛、衣冠南渡、衣冠沐猴、衣冠济济等都表现了衣装的等级特点。即使是一般的平民百姓，从衣装上也可以看出等级。鲁迅写的孔乙己是"站着喝酒而穿长衫的唯一的人"。农民是短衣帮，站着喝酒，有地位的人坐下来慢慢地喝。孔乙己这叫"不尴不尬"。

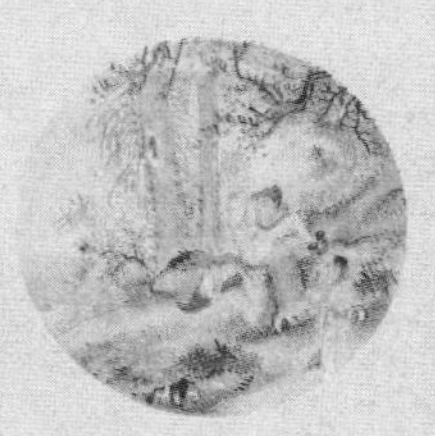

第三章

成语对人生的塑造

中华成语中的人生内容极为丰富,真是难以全面地说明,今择其要而述之。

第一节 公不百年,后学思之
——成语与读书进学

好学深思,已经是一个成语。好读书,又喜欢深思,是人进步的最重要的阶梯。勤奋学习是中华民族的最美的品德之一。在中华成语中,有很多讲认真学习、刻苦读书的,这些永远是鼓励中华儿女的宝贵财富。如勤学苦练、专心致志、好学深思、锲而不舍、温故知新、学无止境、学而不厌、废寝忘食、孜孜不倦、笨鸟先飞、自强不息、不甘示弱、披荆斩棘、闻鸡起舞、后来居上、力争上游、识文断字,等等。这些成语都包含着一个个的故事。

不耻下问,源于春秋时代的孔子。相传他曾有弟子三千人,大家都向他请教学问。《论语·八佾》中记载:“子入太庙,每事问。或曰:‘孰谓鄹人之子知礼乎?入太庙,每事问。’子闻之,曰:‘是礼也。’”

太庙,是国君的祖庙。孔子去太庙参加鲁国国君祭祖的典礼。他一进太庙,就向人问这问那,几乎每一件事都问到了。当时有人讥笑他:“谁说鄹人之子懂得礼仪?来到太庙,什么事都要问。"(郰,当时县名,孔子出生地,在今山东曲阜县东南十里西邹集。孔子的父亲叔梁纥,做过郰县的县官,所以当时有人管孔子叫"郰人之子",意即郰县县官的儿子。)孔子听到人们对他的议论,答道:"我对于不明白的事,每事必问,这恰恰是我要求知礼的表现啊!"我们常常认为,向别人求教过多的人,是自己的知识太少,孔子却能够从另外的思路来辩论问题:求知的愿望强,正是重视学问的表现,因而也是通向学问的道路。人人都承认孔子有学问,那不是天生的,而是认真学习而来的。认真学习,首先就得有个虚心的态度。成语"韦编三绝"就反映了孔子晚年刻苦读《易》的情景。春秋时期没有纸,字是写在一片片竹简上的,一部书要用许多竹简,必须用韦(熟牛皮)把这些竹简编联在一起防止散乱,才能阅读;平时卷起来放着。《周易》文字艰涩,内容隐晦,孔子就翻来覆去地读,把编联竹简的牛皮绳子磨断了许多次。

◎ 孔子:仁者乐山

其次也得有学习精神。古代文献中表彰刻苦勤学而留下的故事很多。名人勤学的故事最著名的是"悬梁刺股":孙敬系发悬梁,见于《太平御览》卷三六三引《汉书》。《太平御览》卷载:"孙敬字文宝,好学,晨夕不休。及至眠睡疲寝,以绳系头,悬屋梁。后为当世大儒。"苏秦刺股读书,见于《战国策·秦策一》:"(苏秦)读书欲睡,引锥自刺其股,血流至足。"

东汉时候的孙敬,是著名的政治家。他年轻时勤奋好学,经常关起门,独自苦读。从早到晚,废寝忘食。读书疲倦了,怕自己打瞌睡，就找一根绳子，将头发系住，另一头高系在房梁上。这也许是真实的。但是没听说有人仿效他的方法。战国时的苏秦，也是出名的政治家。年轻时，常常读书到深夜，为防打盹，准备一把锥子，一打瞌睡，就用锥子往自己的大腿上刺一下。笔者怀疑这是民间的传说。苏秦顶多是隔着衣服，用什么东西刺激一下大腿就好，不会扎出血来。如果“血流至足”，那是扎到大动脉上了，肯定有生命危险。

◎ 匡衡偷光

西汉匡衡“凿壁借光”，是说匡衡将墙壁裂缝处凿出一个小孔，借着邻居的烛光读书。此故事出于汉代刘歆《西京杂记·卷二》：“匡衡，字稚圭，勤学而无烛，邻舍有烛而不逮，衡乃穿壁引其光，以书映光而读之。邑人大姓文不识，家富多书，衡乃与其佣作而不求偿。主人怪问衡，衡曰：‘愿得主人书遍读之。’主人感叹，资给以书，遂成大学。衡能说《诗》，时人为之语曰：‘无说《诗》，匡鼎来；匡说《诗》，解人颐。’”后来匡衡成了一名知识渊博的经学家。也许就是因为邻居家的房子有个小洞，透过一点光，匡衡在那里能够看清书上的字。不太可能是他把墙给破坏的。至于为人佣作，不求偿，只为借书读，倒是合于一般道理的。

至于“囊萤映雪”，也是人们熟知的。囊萤，出自《晋书》卷八十三《车胤传》：“车胤，字武子，南平人也。……恭勤不倦，博学多通。家贫，不常得油。夏月，则练囊盛数十萤火以照书，以夜继日焉。”这是说车胤家贫，没钱买灯油，而又想晚上读书，便在夏天晚上抓一把萤火虫来当灯读书。映雪，出自《尚友录》："晋孙康，京兆人，性敏好学。家贫，灯无油，于冬月尝映雪读书。"晋代孙康冬夜利用雪映出的光亮看书。后用"囊萤映雪"夸张了读书之苦。精神可取，方法不当。那一定会得近视眼，也没有那么多的萤火虫可捉。

◎ 王羲之

宣传刻苦读书的故事很多，已经被大家说滥了的王羲之学书法，曾因此污染了池塘。墨池在江西省临川县，相传是东晋大书法家王羲之洗笔砚处。北宋的曾巩慕王羲之盛名，于庆历八年(1048)九月，专程来临川凭吊墨池遗迹。州学教授(官名)王盛请他为《晋王右军墨池》作记，于是曾巩根据王羲之的轶事，写下了著名的散文《墨池记》："临川之城东，有地隐然而高，以临于溪，曰新城。新城之上，有池洼然而方以长，曰王羲之之墨池者，荀伯子《临川记》云也。羲之尝慕张芝，临池学书，池水尽黑，此为其故迹，岂信然邪？""方羲之之不可强以仕，而尝极东方，出沧海，以娱其意于山水之间，岂有徜徉肆恣，而又尝自休于此邪？羲之之书晚乃善，则其所能，盖亦以精力自致者，非天成也。然后世未有能及者，岂其学不如彼邪？则学固岂可以少哉！况欲深造道德者邪？"笔者并不认为曾巩的这一篇文章写得好。但是，说王羲之的书法是"以精力自致者，非天成也"，这是对的。其实书法和许多精巧技艺的绝妙，不苦学是不行的，但是都不是只靠苦学就能够成功的。古来却很少有人重视勤于思考对学习的重要性。那是身居事外，不了解读书的奥秘在于用心思考，仅仅苦读只能出书呆子。

我们只盲目地宣传王羲之的刻苦，没有注意到古人让我们注意学习方法。唐代书法理论家张怀瓘在《书断·王羲之》中记载："晋王羲之，字逸少，旷子也。七岁善书。十二，见前代《笔说》于其父枕中，窃而读之。父曰：'尔何来窃吾所秘？'羲之笑而不答。母曰：'尔看用笔法？'父见其小，恐不能，秘之；语羲之曰：'待尔成人，吾授也。'羲之拜请：'今而用之；使待成人，恐蔽儿之幼令也。'父喜，遂与之。不盈期月，书便大进。"

这是极重要的一段故事。王羲之从小练字，七岁的时候，已经写得很不错了。继续练了四五年，却进步不大。有一天，从他父亲的枕头下发现了一本书，叫《笔说》，便偷偷地阅读。才知道，原来还有专门谈写字方法的著作，父亲认为他应该到成人之后再学理论，他却认为书中的方法对于学习写字很重要。早点接近理论，这就是王羲之比别人高明的地方。

我们看看韩愈是怎么解释勤学的。韩愈《进学解》："业精于勤，荒于嬉；行成于思，毁于随。……口不绝吟于六艺之文，手不停披于百家之编；记事者必提其要，纂言者必钩其玄。贪多务得，细大不捐；焚膏油以继晷，恒兀兀以穷年。先生之业，可谓勤矣。"他是把勤苦用功和讲究方法放在一起讲，归纳为"提要钩玄"的读书法。提要钩玄，已经成为我们常用的成语了。提要，就是一

◎ 韩愈

边读书一边将要点记下来；钩玄，就是将所读的精彩文字标记下或者抄下来，以加强记忆。这是得要领的读书法。

什么叫死读书？《曾国藩读书录·序》中写道："读书非易事也。得其法，则开卷有益；不得其法，则虽读万卷书，亦不过一书呆子而已，何足贵哉？读书界之通弊有二：一曰专读死书，弊在执而不化；二曰不求甚解，弊在似是而非。今欲于昔贤读书界中，求一用科学方法，昭示晋人之门径者，除王念孙之《读书杂志》，顾炎武之《日知录》外，曾文正公之《求阙斋读书录》，差足以拟之。"这个提示应该注意。

说一个比较少见的成语：高凤流麦。讲的是后汉时南阳一位死读书的书生，名叫高凤，少时"专精诵读，昼夜不息"，"家以农亩为业"，他却痴迷在书里。有一次，妻子下地了，庭院里晾晒着小麦。为防鸡、豚糟蹋，妻子让他照看。突然，天降大雨，此时的高凤仍手持赶鸡的竹竿诵读经书。雨水将庭院中的小麦冲跑了。后来，人们用"流麦""中庭麦"等称美读书专致，用"流麦士"称书呆子。如果读书读到这种地步，那岂不成了废物。

所以有些成语说，勤奋攻读，好学深思，并且学以致用，融会贯通，出经入史，这才是我们说的读书人的极境。

古代评论人有学问，有风度，也通人事的成语还有很多。如识文断字、知书达礼、风流倜傥、博古通今、博闻强识、引经据典、语惊四座、学海泛舟、经世致用等。

什么叫"识文断字"？现在含混地说，就是指识字，有一点文化知识。其实，这是从古代的读书习惯而来的成语。古书印制时是没有标点的，所以读书人需要一边读，一边用朱砂笔点句读，断句。要识文，得读"小学"，即《说文解字》之类的文字学书；要读懂经史子集，就得学会断句，就是断字。所以识文断字实在是不那么简单的事。

“知书达礼”这一个成语，不应该写成“知书达理”。因为这里说的“书”和“礼”，应该是《尚书》和《礼记》。元代无名氏《冯玉兰》第一折：“只我这知书达礼当恭谨，怎肯着出乖露丑遭谈论。”这里就没有写错。

汲古閣訂正
禮記
悉遵宋刊點畫無訛
琴川毛氏鐫藏
禮記集說序

◎《礼记》

再如“经世致用”，这个成语是一个内涵十分丰富的政治概念。《辞海》的解释是：“明清之际主张学问有益于国家的学术思潮。由此可以给经世致用下一个定义：经世致用就是关注社会现实，面对社会矛盾，并用所学解决社会问题，以求达到国治民安的实效。这一思想体现了中国传统知识分子讲求功利、求实、务实的思想特点以及‘以天下为己任’的情怀。”经世致用思想是思想家孔子所创立的儒家“入世”思想的精髓，也成为中华文明的精髓。

到了明末，由于王阳明后学的盛行，士林学风尚空谈，正如黄宗羲所谓“束书不观，游谈无根”空疏达到了极点。甚至打机锋、弄隐语，近于狂禅了。因此，清初一些学者重新倡导“经世致用”，提倡“实学”。所谓“实学”，即颜习斋所谓“实习、实讲、实行、实用之学”，中心思想便是经世致用。就是反对学术研究脱离当前社会现实，强调和现实政治联系。解释古代典籍是手段，发挥自己的学术、政治见解，用于改革社会才是目的。主要代表人物有黄宗羲、李颙、孙夏峰三大儒，还有顾炎武、王夫之、唐甄、魏禧、朱之瑜、陆世仪、方以智、傅山、颜元、李塨、王源、刘献庭、顾祖禹，等等。他们的社会学说是一致的，都提倡一种与传统的理学不同的崭新学风。

第二节 殊途同至，厚德载物
——成语与道德修养

成语积淀下来的教育内容首先是我们自身修养的好教材。细细地检索，你会发现，真是应有尽有。涉及何谓道德、道德范畴、道德标准、怎样遵守等问题。

其中有的成语表现对国家，对人民的忠诚。如赤子之心；精忠报国；以身殉国；呕心沥血；披肝沥胆；鞠躬尽瘁，死而后已。这里最有影响的是“精忠报国”和“鞠躬尽瘁，死而后已”。

◎ 岳母刺字

“精忠报国”四个字，相传为岳母在岳飞的背上刺的字。由于情节震撼人心，传得很广泛。但是历史上却查无依据。宋人的笔记和野史均无记载，包括岳飞的曾孙岳珂所著的《金佗稡编》也没有记录。岳母刺字情节始见于元人所编的《宋史本传》。书云:“初命何铸鞠之,飞裂裳,以背示铸,有‘精忠报国’四大字,深入肤理。”但书中也未注明此四字出自岳母之手,但是民间是相信的。“鞠躬尽瘁,死而后已”,是出自人人皆知的诸葛亮的《后出师表》。三国时期,蜀主刘备死后,昏庸无能的刘禅继位。他只知享乐,不知管理国家,把国内的军政大事交给诸葛亮处理。诸葛亮一方面联吴伐魏,另一方面南征孟获,积极准备第二次北伐。在第二次北伐前夕,他给后主刘禅写了《后出师表》,表示自己为国鞠躬尽瘁,死而后已的决心,传为美谈。

成语中表现为官公正的有:为民请命、大义灭亲、为民除害、大公无私、忧国忧民、铁面无私、公事公办、正大光明、光明磊落、开诚布公。所有这些都有顽强的生命力,至今仍然是为官的原则。现在我们说的政策要公开、公平、公正,与成语中表达的意思是一样的。

成语中也有许多对廉洁奉公品质的表述,如廉洁奉公、两袖清风、高风亮节、浩然正气、清正廉明、廉可生威、克己奉公等,都是很重要的概括。

概括人有度量,善于团结人,我们经常用宽宏大度、真心诚意、真心实意、推心置腹、以诚相见等成语。这也是为官应该有的道德。至于舍生忘死、舍生取义、舍己救人,是对人的高标准要求。如果做不到,也应该如成语所说:洁身自好、自我完善。不能自甘堕落。

天下为公,是一个非常理想的成语。出自《礼记·礼运》:“大道之行也,天下为公。”原意并不难理解,国人对“天下为公”这四个字特别看重,是因孙中山先生推崇而引起的。今天我们说的公心、公德、公民意识、公众观念等,在中华成语中有丰富的内涵和特别的界定。究竟什么是“为公”,什么叫

◎ 孙中山

"小康社会",如果不好好读《礼记》,是不会真正了解的。这一点我们可能没有想到。我们来读读《礼记·礼运第九》的原文:

昔者仲尼与于蜡宾,事毕,出游于观之上,喟然而叹。仲尼之叹,盖叹鲁也。言偃在侧曰:"君子何叹?"孔子曰:"大道之行也,与三代之英,丘未之逮也,而有志焉。大道之行也,天下为公,选贤与能,讲信修睦。故人不独亲其亲,不独子其子,使老有所终,壮有所用,幼有所长,鳏寡孤独废疾者皆有所养,男有分,女有归。货恶其弃于地也,不必藏于己;力恶其不出于身也,不必为己。是故谋闭而不兴,盗窃乱贼而不作,故外户而不闭。是谓大同。今大道既隐,天下为家,各亲其亲,各子其子,货力为己,大人世及以为礼,城郭沟池以为固,礼义以为纪;以正君臣,以笃父子,以睦兄弟,以和夫妇,以设制度,以立田里,以贤勇智,以功为己。故谋用是作,而兵由此起。禹、汤、文、武、成王、周公,由此其选笃也。此六君子者,未有不谨于礼者也。以著其义,以考其信。著有过,刑仁讲让,示民有常。如有不由此者,在势者去,众以为殃。是谓小康。"

这是记述了一次孔子参加鲁国蜡祭的故事。蜡祭,是年终祭祀。《月令》注:"腊即周礼所谓蜡。不知腊祭先祖,蜡祭百神,二祭各别,郑合为一,非。"大概应该是祭先祖吧,不然怎么会发一通今不如昔的感慨呢?祭礼结束后,孔子在宗庙门外的楼台上看看,不觉感慨长叹。孔子感叹鲁国的现状。弟子言偃在他身边,不明白他叹什么,就向夫子请教。

孔子回答说:“大道实行的时代,以及夏、商、周三代英明君王当政的时代,我孔丘都没有赶上,我对它们心向往之。”

“大道实行的年代是什么样子呢?那就是:天下为天下人所共有。选举有德行的人和有才能的人来治理天下,人们之间讲究信用,和睦相处。所以人们不只把自己的亲人当作亲人,不只把自己的儿女当作儿女,这样使老年人能够安享天年,使壮年人有贡献才力的地方,使年幼的人能得到良好的教育,使年老无偶、年幼无父、年老无子和残疾的人都能得到供养。男子各尽自己的职分,女子各有自己的夫家。人们不愿让财物委弃于无用之地,但不一定要收藏在自己家里。人们担心有力使不上,但不一定是为了自己。因此,阴谋诡计被抑制而无法实现,劫夺偷盗杀人越货的坏事不会出现,所以连住宅外的大门也可以不关。这样的社会就叫作大同世界。”

“如今大道已经消逝了,天下成了一家一姓的财产。人们只把自己的亲人当作亲人,把自己的儿女当作儿女;财物和劳力,都为私人拥有。一代人的认知就把它当作礼制,修建城郭沟池作为坚固的防守。以为法治就是礼义,用来确定君臣关系,使父子关系淳厚,兄弟关系和睦,夫妻关系和谐,还用来制定颁发制度,划分田地和住宅,奖给功臣,为的都是个人立业。故争端兴起,战争产生。夏禹、商汤、周文王、周武王、周成王和周公旦,由此成为三代中的杰出人物。这六位君子,没有哪个不谨慎奉行等级礼制。他们彰明礼制的内涵,来考察人们的信用,揭示过错,树立讲求礼让的典范,向下民们昭示刑罚法也有个度。如果贵族们有越轨的反常行为,就像抓下民罪人一样逮捕去,那大众才认为是一种祸害。这种社会就叫作小康。”

这才是中国小康社会的一个极好的有公德的社会政治模

式。小康首先是政治制度的和谐,社会分配的公平,人的尊严得到尊重,人民的生命得到保护。今天理解小康就是消灭私有财产,实行大锅饭,或者只是有吃有穿、生活富裕,这是片面的理解。

◎ 一心为公的大禹

讲公德首先应该讲公心。不论是什么地位的国民,都应该承认一个起码的政治原则:天下是公众的,政权是人民的;天子之位,应该传贤而不传子。这成为中国古代一种美好社会的政治理想。《左传》称:“公家之利,知无不为,忠也”,“临患不忘国,恋也”。在《礼记》和《忠经》中,公的含义是“天下为公”“公而忘私”“至公无私”;忠的含义是“忠在报国”“忠在人民”。如果所“忠”对象不符合天下民众利益,也就失去了“忠”的正义性、合理性。《左传·文公元年》:“忠,德之正也。”公、忠不仅被视为个人“修身之要”,而且被定为“天下之纪纲”“义理之所归”,是社会道德的最高原则。在现代社会,普遍认为大公无私是不可思议的;或者说“人人为自己,上帝为大家”才对:这都要不得。不过试想一下,如果一个人活在世界上考虑的只是自己的利益,而没有公德公心,那这个社会一定是一盘散沙。

比如,见义勇为。如今,我们把这个成语解释得过于狭小了。好像见到了别人有困难上前帮助,或者见有人被侵害勇敢支援,才是见义勇为。其实,这个词出于《论语·为政》:“见义不为,无勇也。”《墨子·天志下》解释:“义者正也。”

《礼记·中庸》解释:“义者,宜也。”“宜”的意思是“应该”。“行义”就意味着“善”和“美”的追求,是应当做的。想来现在做好事的许多人做后不留名,只说一句话:“这是我应该做的。”说得特别有学问。因为这正好符合《礼记》的思想。

《礼记》中所讲的“义”应该是“宜”,引起我们许多思考。

其实我们都忽略了这个“义”字。“义”者,“宜”也。这可以理解为:如果“宜”,那就“勇为”;如果不“宜”,可不必“勇为”。《小学生日常行为规范》已经取消了“敢于斗争”“见义勇为”等内容,改为“遇到坏人坏事主动报告”“遇有侵害要善于斗争,学会自救自护”。在许多国家里,抓坏人是警察的事,救火是消防员的事,社会不鼓励没有受过正规训练的人去冒险做无谓的牺牲。

又如,宽人严己,是说宽以待人,严于律己。为人宽厚,是最善良的品质。古人把“宽恕”作为为人之准则,是处理个人与他人道德关系的基本态度和要求。所谓宽,是指与他人交往时要不拘小节,能够容人,有宽广豁达的胸怀。所谓恕,就是要推己及人,设身处地为他人着想,理解他人,与人为善,总而言之,就是“己所不欲,勿施于人”。这句话出于《论语·卫灵公》:“子贡问曰:‘有一言而可以终身行之者乎?’子曰:‘其恕乎!己所不欲,勿施于人。’”子贡问孔子有没有一句话可以终身奉行,孔子说,那应该是恕吧。自己不想做的事,切勿强加给别人。《论语·颜渊》中还记有仲弓向孔子请教什么叫“仁”。孔子说:“出门如见大宾,使民如承大祭。己所不欲,勿施于人。在邦无怨,在家无怨。”仲弓曰:“雍虽不敏,请事斯语矣!”说得太好了。翻译成白话就是:“出门与同人行礼如见贵客一般,对平民如举行大祭一样凝重,自己不喜欢的事不强加给别人。如此在朝上就不会招谁怨,在家中私下交往也不招人恨。”这话感动了学生仲弓，所以他感谢道：“我虽迟钝，但一定要牢记先生的话。”

胯下之辱，是说韩信的故事。胯下，即两条腿之间。《史记·淮阴侯列传》：“淮阴屠中有侮信者，曰：‘若虽长大，好带刀剑，中情怯耳。’众辱之曰：‘信能死，刺我；不能死，出我胯下。’于是信孰视之，俛出胯下，蒲伏。一市人皆笑信，以为怯。”

这里说的是淮阴有一个年轻屠夫，他侮辱韩信，说道：“你的个子比我高大，又喜欢带剑，但内心却是很懦弱的啊。”并靠他们人多势众，侮辱韩信说：“假如你不怕死，那就刺死我；不然，就从我的裤裆下面爬过去。”韩信注视他一会，俯下身子从那无赖的胯下爬过去了。集市上的人都讥笑他，以为韩信的胆子真的很小。其实韩信是不愿意同那个无赖斗勇，他不能像那个人一样。后来，韩信带着萧何给他的推荐信，找到刘邦，受到了重用，当上了大将军。如果韩信当初杀死那个小混混，杀人偿命，他也不会当上大将军，更不会帮助刘邦攻打群雄，一统天下。

相如回车，是写一段赵国故事。蔺相如（前329—前259），战国时期赵国上卿，著名的政治家、外交家，曾为赵国立下了汗马功劳。在强秦意图兼并六国、斗争逐渐尖锐的时候，他不仅凭借着自己的智慧和勇气让秦国的图谋屡屡受挫，更难得的是，他有容人之量，以大局为重，先国而后己，不同廉颇这样的勇敢有余、度量狭小的将军斗气，是一位胸怀广阔的政治家。《史记·廉颇蔺相如列传》描写了这位古代的智勇之士如何不辱使命“完璧归赵”和他如何顾全大局、忍让将军廉颇，从而实现“将相和”的故事。这里有许多成语留给了我们，义不容辞、大义凛然、义愤填膺、怒发冲冠、面不改色、智勇双全、完璧归赵、不辱使命、大局为重、顾全大局、负荆请罪等，都是用来塑造蔺相如崇高精神、大公无私形象的，可谓做人的典范。

为人要大度，有成语说大度容人、心广体胖，容人包括对他人的不敬、污辱能够忍耐，不计较，也包括对他人的长处、优点不忌妒。唐人娄师德是容人的典范，留下了“师德宽容”“唾面自干”的故事。娄师德(630—699)，字宗仁，郑州原武(今河南原阳)人。他为人深沉，度量大。如果有人故意触犯他，他就回避对方，谦逊退让，主动地求人家原谅，不在脸上露出恼怒或不悦的颜色。他进士擢第后，曾任监察御史。仪凤三年(678)应诏从军，参加对吐蕃的战争，后任河源军司马、丰州都督等职。长寿二年(693)升任同凤阁鸾台平章事，掌管朝政。后多次主持屯田积谷事宜。到了武后时为宰相，受到人们敬重。他的弟弟守代州，临行前，他嘱咐弟弟要遇事宽容大度。弟弟说：“好吧，我记住了。有人把痰唾在我脸上，我自己把它擦干净就行了。”娄师德说：“那还不行。你自己擦干净，是想避开人家的怒气；应该由它自己干了。”娄师德曾举荐狄仁杰为宰相，而狄仁杰反而排挤他，武后把师德的荐书拿给狄仁杰，狄仁杰看了之后羞愧万分。唾面自干，听起来有点过分了，可是生活中有些无赖是最好不必同他计较的。

这样的思想是有文化渊源的，这是中国文化的特点。《中庸》：“子路问强。子曰：‘南方之强与？北方之强与？抑而强与？宽柔以教，不报无道，南方之强也，君子居之。衽金革，死而不厌，北方之强也，而强者居之。故君子和而不流，强哉矫！中立而不倚，强哉矫！国有道，不变塞焉，强哉矫！国无道，至死不变，强哉矫！’”

《礼记·中庸》篇记载子路问孔子什么是强。孔子说：

“你问的是南方之强呢，北方之强呢，还是你所当行的强呢？教人宽厚柔顺、逆来顺受，这是南方之强，为君子所遵行；掼甲提刀、死而不惜的，是北方之强，为强者所遵行。一个君子，心气平和而不为流俗所误，那才叫强啊！直道中行而不偏差，那才叫强啊！国家有道，不变更未发达时的操守，那才叫强啊！国家无道，宁可穷困至死也不变节媚俗，那才叫强啊！”

再如，自强不息。一个国家，要充满活力，自强不息；一个人要蓬勃向上，富有朝气。这才是最健康的生命。这一成语出自《周易·乾》：“天行健，君子以自强不息。”天道刚健，运行不已，君子观此卦象，应该以天为法，自强不息。古代的中国人，认为天地最大，能包容万物。天地是宇宙的全体：天在上，地在下；天为阳，地为阴；天为金，地为土；天性刚，地性柔。认为天地合乃万物生焉，四时行焉。这是古代中国人对宇宙的朴素的唯物主义看法，也是中国人的宇宙观。所以八卦中乾卦为首，坤卦次之；乾在上，坤在下；乾在北，坤在南。天高行健，地厚载物。这就是意味着人们应永不满足现状，不断地充实自己，提高自己。人们要不断学习，不断进步。也要不断改革进取，与时俱进，以不断更新的姿态学习和工作。君子是有道德的人，说明这是对人性最高标准的要求。自强不息、厚德载物，是一对激励人向上的成语。

与“自强不息”意义相对的成语也有很多，如“自暴自弃”，谓自甘堕落，不求进取。语出《孟子·离娄上》：“自暴者，不可与有言也；自弃者，不可与有为也。言非礼义，谓之自暴也；吾身不能居仁由义，谓之自弃也。仁，人之安宅也；义，人之正路也。旷安宅而弗居，舍正路而不由，哀哉。”说的是战国时期，孟子教导他的学生不要做自暴自弃的人。学生没有弄明白是什么意思。孟子解释道：自暴，就是说话不遵守礼义，自己残害自己；自弃，就是自身行为不符合仁义，自己放任了自己。像这样从反面揭示的成语还有：自惭形秽、甘居人下、胸无大志、苟且偷生、得过且过、混吃等死、不思进取、心浮气躁、游手好闲、饱食终日、无所事事、苟延残喘、因循守旧等。

守正不移，这一成语是对人格气节的要求。中国道德中阐述守正不移的观念，最早的应该是《孟子·滕文公下》："富贵不能淫，贫贱不能移，威武不能屈，此之谓大丈夫。"守正不移，最早出自汉代刘向《新序·节士》："子为父死无所恨，守节不移，虽有铁钺汤镬之诛而不惧也。"是说儿子为父亲而死是没有什么遗憾的，是理所当然的。即使是赴汤蹈火也应该在所不辞。晋代陈寿《三国志·魏志·杜恕传》中有裴松之注："晋初受禅，以不达天命，守节不移，削爵土，徙武威。"

中国古代用来表达守节的成语很多。如冰魂雪魄；冰清玉洁；高风亮节；黄花晚节；坚贞不屈；宁为玉碎，不为瓦全；岁寒松柏；……都是形容气节的。陈毅元帅有诗《青松》："大雪压青松，青松挺且直；要知松高洁，待到雪化时。"就是写气节的。《论语·子罕》："三军可夺帅也，匹夫不可夺志也。"就是讲气节的。气节与操守、节操、德操是近似的意义，都是表示个体行为品性的概念。其基本精神是强调处世必以仁德，守身必从大义，为人重在大节，穷达见廉，成仁取义，要求做到"富贵不能淫，贫贱不能移，威武不能屈"。戏曲作品《桃花扇》中的李香君、《牧羊记》中的苏武都代表这一类忠贞爱国的人物形象。

但是，中国古代对女性的守节要求却有很多问题。如守身如玉、三贞九烈，都是表彰烈女的。鲁迅在《我之节烈观》中批评过："节烈这两个字，从前也算是男子的美德，所以有过'节士'，'烈士'的名称。然而现在的'表彰节烈'，却是专指女子,并无男子在内。据时下道德家的意见,来定界说,大约节是丈夫死了,决不再嫁,也不私奔,丈夫死得愈早,家里愈穷,他便节得愈好。烈可是有两种:一种是无论已嫁未嫁,只要丈夫死了,他也跟着自尽;一种是有强暴来污辱他的时候,设法自戕,或者抗拒被杀,都无不可。这也是死得愈惨愈苦,他便烈得愈好,倘若不及抵御,竟受了污辱,然后自戕,便免不了议论。万一幸而遇着宽厚的道德家,有时也可以略迹原情,许他一个烈字。可是文人学士,已经不甚愿意替他作传;就令勉强动笔,临了也不免加上几个'惜夫惜夫'了。""总而言之:女子死了丈夫,便守着,或者死掉;遇了强暴,便死掉;将这类人物,称赞一通,世道人心便好,中国便得救了。大意只是如此。"所以,鲁迅说:"我依据以上的事实和理由,要断定节烈这事是:极难,极苦,不愿身受,然而不利自他,无益社会国家,于人生将来又毫无意义的行为,现在已经失了存在的生命和价值。"据此,我们应该抛弃旧的戕害妇女的节烈观,建立平等的人道主义的新道德。

不知道从什么时候起,我们的物欲观念从"勤劳节俭"变成了"能挣会花",更说不清这个变化意味着什么。但是总觉得古人说的"咬得菜根,百事可做"有道理。俗语亦云:"布衣暖,菜根香,读书滋味长。"宋人汪信民说:"人咬得菜根,则百事可做!"这是中国人常说的格言。这是教我们学会节俭。

中华民族是一个讲究勤劳节俭的民族,这应该视为一种美德。《左传》称:"俭,德之共也;侈,恶之大也。"孔子说:"奢则不孙(逊),俭则固。与其不孙也,宁固。"诸葛亮《诫子书》:"静以修身,俭以养德。"《曾国藩家书》中就有"致诸弟"的话:"要实行勤俭二字,内间妯娌,不可多讲铺张;后辈诸儿,须走路,不可坐轿骑马;诸女莫太懒,宜学烧茶煮饭。书蔬鱼猪,一家之生气；少睡多做，一人之生气。勤者，生动之气；俭者，收敛之气。有此二字，家运断无不兴之理。”（咸丰八年十一月廿三日）他还有个治家“书蔬鱼猪，早扫考宝”的“戏为八字诀”。他说“书蔬鱼猪，一家之生气”，指的是：读书、种菜、养鱼、养猪，这才是一个劳动家庭，不是贪图享受的家庭；“早扫考宝”即“早者，起早也；扫者，扫屋也；考者，祖先祭祀，敬奉显考、王考、曾祖考，言考而妣可该也；宝者，亲族邻里，时时周旋，贺喜吊丧，问疾济急”。他是引述了祖父星冈公的话“人待人，无价之宝也”。曾国藩还说：“情意宜厚，用度宜俭。此居家之要诀也。”（咸丰十年五月十四日）朱柏庐《治家格言》有：“一粥一饭，当思来之不易；半丝半缕，恒念物力维艰。”豪富之家，仍能不忘尚俭，更显得可贵。我们通常认为曾文正公的“戏为八字诀”有点拗口，殊不知这是他故意用两组同韵字编成的。

◎ 曾国藩

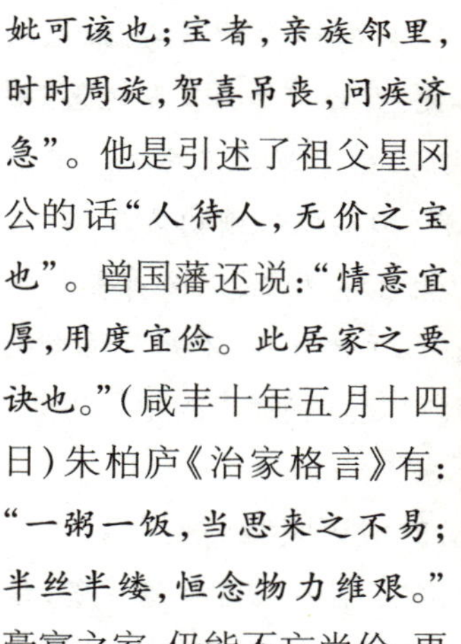

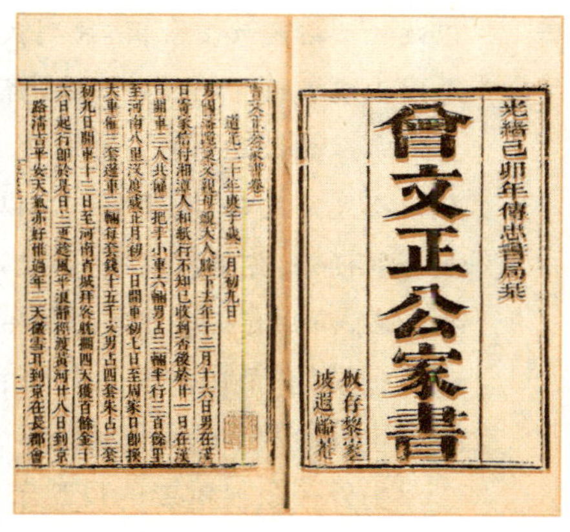

曾文正公家書卷一

道光二十年庚子歲二月初九日

男國藩跪稟父親母親大人膝下去年十二月十六日男在漢口寄家信付湘潭人和紙行不知已收到否後於廿一日在漢口開車二人共僱二把手小車六輛男占三輛半行三百餘里至河南八里汊度歲正月初二日開車初七日至周家口即換大車僱三套篷車二輛每套錢十五千文男占四套朱占二套初九日開車十二日至河南省城拜客耽擱四天獲百餘金十六日起行即於是日三更趁風平浪靜徑渡黃河廿八日到京一路清吉平安天氣亦好惟過年二天微雪耳到京在長郡會

光緒己卯年傳忠書局栞

曾文正公家書

板存黎家坡遐齡巷

◎《曾国藩家书》

表示节俭概念的正面成语有：精打细算、省吃俭用、勤俭持家、克勤克俭、俭以养德、粗茶淡饭、布衣蔬食、箪食瓢饮、宽打窄用、节衣缩食、开源节流、量入为出、细水长流等。从反面说，表示不节俭的成语有：寅支卯粮、挥霍浪费、酒池肉林、胡吃海喝、一掷千金等。

这些成语既表达了对物质和财力的节省应用，不加浪费，也强调要勤劳工作，不能懈怠偷懒。“开源节流”是表达得最好的一个成语。墨子讲“节用”，孔子讲“士志于道，而耻恶衣恶食者，未足与议也”。想有理想追求，却怕吃得不好，穿得不好，这种人就不必跟他谈什么了。

“开源节流”这个成语出自《荀子·富国》：“故明主必谨养其和，节其流，开其源，而时斟酌焉。潢然使天下必有余，而上不忧不足。”后以“开源节流”指开辟财源，节约开支。荀子解释说：“足国之道，节用裕民，而善藏其余。节用以礼，裕民以政。彼裕民故多余，裕民则民富，民富则田肥以易，田肥以易则出实百倍。……故知节用裕民，则必有仁义圣良之名，而且有富厚丘山之积矣。此无他故焉，生于节用裕民也。不知节用裕民则民贫，民贫则田瘠以秽，田瘠以秽则出实不半，上虽好取侵夺，犹将寡获也；而或以无礼节用之，则必有贪利纠挢之名，而且有空虚穷乏之实矣。此无他故焉，不知节用裕民也。”他说的“节用裕民”“开源节流”是发展经济的重要思想，因此也就由两个成语将其保存下来了。

另外一个很重要的反映节俭的成语叫“断齑划粥”。关于这个成语有一些故事是很有趣的。据传：“范仲淹少贫，读书长白山僧舍。作粥一器，经宿遂凝，以刀划为四块，早晚取两块，断齑数十茎啖之，如此者三年。”范仲淹是北宋著名的政治家、文学家、军事家。因为一篇《岳阳楼记》而名满天下，“先天下之忧而忧，后天下之乐而乐”更是家喻户晓。后世传为佳话的“断齑划粥”的故事，就是从这里来的。“断齑”就是切碎了的腌咸菜。他却只顾埋头学习，不以为苦，终于学有所成。由于范仲淹出身贫寒，艰苦备尝，因而对民间疾苦深为同情。他做官以后，提出了许多对劳动人民有利的改革弊政的主张。

说到“断齑划粥”，想起近代名人谭延闿为湖南第一师范学生写对联的故事。谭延闿（1876—1930）是中国近现代史上的风云人物。他二十八岁点翰林，后支持立宪；再后来参加辛亥革命，追随孙中山，曾任行政院院长，并两度出任国民政府主席，直至逝世。他有“药中甘草”之誉；他能治军，曾多次领军征讨，人称“翰林将军”，著有《祖盦诗集》《慈卫室诗草》《祖盦诗稿》等。谭延闿做官，从不仗势压人，有王者风范。民国初年，湖南省立第一师范学校学生因伙食不好，每天进餐时经常吵闹，秩序很不好。学校当局制止无方，便请时任湖南都督的谭延闿莅校训话。谭延闿并未批评学生，而是作了一副长联贴在食堂里。其联云：

◎ 谭延闿

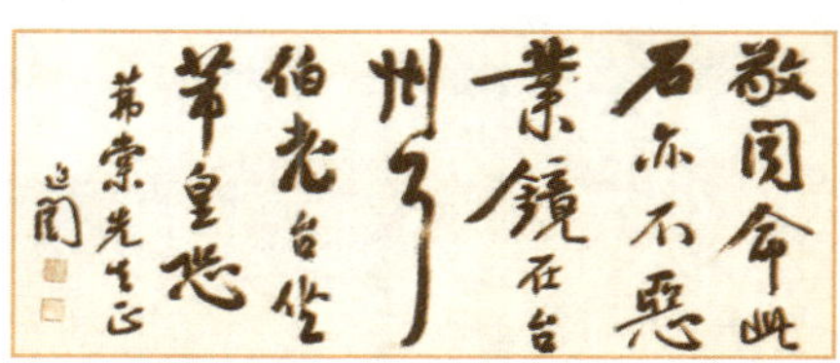
◎ 谭延闿书法

君试观世界何如乎，横流沧海，频起大风潮，江山带砺属谁家，愿诸生尝胆卧薪，每饭不忘天下事；

士多为境遇所累耳，咬得菜根，方是奇男子，王侯将相原无种，想古人断齑划粥，立身端在秀才时。

联中正好用了“断齑划粥”，学生阅读后，深为感动，嗣后进餐则井然有序，寂寂无声。一场风波就此平息。这真是学问和人格感动了青年人。他们懂得了：当今世界动荡不安，风潮四起，有志的青年人应该艰苦奋斗，卧薪尝胆，立志奋起拯救中国。因此应该以“咬得菜根”“断齑划粥”的吃苦精神锻炼自己，不能眼光短浅，为困境所累。如今，这样的故事好像隔世之音了。

第三节 江山美人，尽得风流

——成语与男女风仪

在中华成语中，表现男女风仪内容的成语是特别值得研究的，因为它涉及男女风度和仪表的各个方面，如男女身体的美、行为的美、灵魂的美诸多方面。简直可以说那里埋藏着一部“中国人史”。鲁迅在《准风月谈·晨凉漫记》中写道：

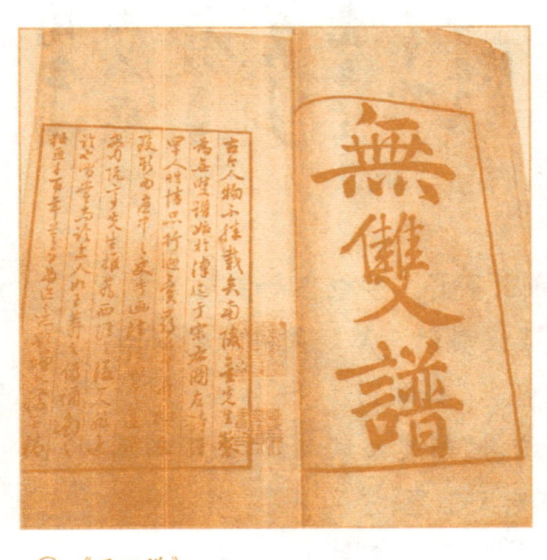

◎《无双谱》

儿时见过一本书，叫作《无双谱》，是清初人之作，取历史上极特别无二的人

物，各画一像，一面题些诗，但坏人好像是没有的。因此我后来想到可以择历来极其特别，而其实是代表着中国人性质之一种的人物，作一部中国的“人史”，如英国嘉勒尔的《英雄及英雄崇拜》，美国亚懋生的《伟人论》那样。惟须好坏俱有，有啮雪苦节的苏武，舍身求法的玄奘，有“鞠躬尽瘁，死而后已”的孔明，但也有呆信古法，“死而后已”的王莽，有半当真半取笑的变法的王安石；张献忠当然也在内。

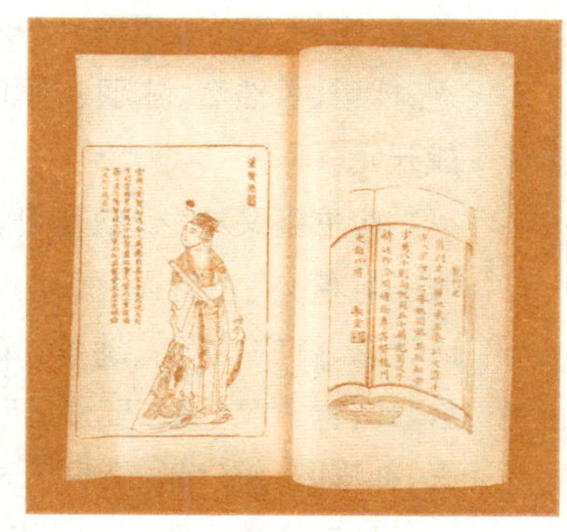

◎《无双谱》之一页

鲁迅在叙述这些独异之人时用了“啮雪苦节”“舍身求法”“鞠躬尽瘁，死而后已”“呆信古法”等成语概括人的风仪。“半当真半取笑”也是“半真半假”这个成语的白话化。

《无双谱》所刻绘的人是盖世无双的人。这本书又名《南陵无双谱》，刊刻于清康熙三十三年（1694），绘者从汉代至宋一千四百多年间，挑选了四十位广为称道的名人，绘成绣像并题诗文。由于这些人物事迹举世无双，故此图册称为《无双谱》。这四十人是：张良、项羽、伏生、东方朔、张骞、苏武、司马迁、董贤、严子陵、曹娥、班超、班昭、赵娥、孙策、诸葛亮、焦孝然、刘谌、羊祜、周处、绿珠、陶渊明、王猛、谢安、苏若兰、花木兰、冼夫人、武则天、狄仁杰、安金藏、郭子仪、李白、李泌、张承业、冯道、陈抟、钱镠、安民、陈东、岳飞、文天祥。

后来又有康书臣著《楚北无双谱》，共二十六人：令尹子文、申包胥、伍员、江上丈人、沧浪孺子、屈原、楚狂、老莱子、钟子期、庄周、昭君、黄香、汉滨老父、庞德公、孟宗、庾信、张柬之、杜甫、孟浩然、陆羽、冯京、张居正、杨涟、熊廷弼、贺逢圣、熊开元。

康书臣又编《无双谱补》，补充三十人：吕不韦、漂母、新城三老董公、外黄人儿、厮养卒、田横、上官后、赵充国、梅福、巨无霸、管宁、祢衡、曹操、萧统、山阴公主、羊后、刘伶、徐宏客、虬髯公、昆仑奴、嬖伶周匝、林逋、梁红玉、唐珏、乞儿、徐达三、补锅匠、姚广孝、秦良玉、费宫人。

这三个集子收入的人共九十六位，有的因事而收入，有的因文而收入。有的也有点莫名其妙，因为连叫什么名也考不清楚，可以说是纯属个人所好。不过很照顾女子倒是很民主的考虑。可是连下面这些重要的人物都没有：王安石、徐渭、王羲之、朱熹、王阳明、冯梦龙、李贺、李清照、郑和。也是不大全面的。但是至少让我们从一个特别的视角来看一看人的风仪。人的一生短暂，笔者相信，一个有能力、有修养的人是能够做许多事情的，但是生命限制了他不可能在众多方面取得成绩，显示自己的天才和创造力。这时我们可以看一看这个人的风仪，甚至想一想能够登上“无双谱”的那些人，他们的人格魅力就在于他们一生中能够做到的那些事情和可能做好的事情都是特别灿烂的。

说到风仪，值得我们永远称道的大致有几个方面。一是英雄担当，二是量大能容，三是苦节不移，四是追寻探索，五是自我完善。这些问题主要是从人的精神层面而言。但是人的风仪其实还有个外表层面的美。

说到对外表美的研究，在学界长期不被重视。但是，我们的老祖宗并没有回避过这个存在。

《诗经·卫风·硕人》：“手如柔荑，肤如凝脂，领如蝤蛴，齿如瓠犀，螓首蛾眉，巧笑倩兮，美目盼兮！”这是写春秋时代的卫庄公夫人庄姜从齐国嫁到卫国时的美貌。七句诗描述庄姜美丽的身体，手、身材、额头、眼睛、牙齿、眉毛、口形，涉及身体的各部位。

《陌上桑》则主要是写身体的装饰美：“罗敷善蚕桑，采桑城南隅；青丝为笼系，桂枝为笼钩。头上倭堕髻，耳中明月珠；缃绮为下裙，紫绮为上襦。”而对使君的描写也是通过身体的美来表现：“为人洁白皙，鬑鬑颇有须；盈盈公府步，冉冉府中趋。”

曹植《洛神赋》中写洛神：“其形也，翩若惊鸿，婉若游龙，荣曜秋菊，华茂春松。仿佛兮若轻云之蔽月，飘飖兮若流风之回雪。远而望之，皎若太阳升朝霞；迫而察之，灼若芙蕖出渌波。秾纤得衷，修短合度。肩若削成，腰如约素。延颈秀项，皓质呈露；芳泽无加，铅华弗御。云髻峨峨，修眉联娟，丹唇外朗，皓齿内鲜。明眸善睐，靥辅承权，瑰姿艳逸，仪静体闲。柔情绰态，媚于语言；奇服旷世，骨像应图。披罗衣之璀粲兮，珥瑶碧之华琚。戴金翠之首饰，缀明珠以耀躯；践远游之文履，曳雾绡之轻裾。微幽兰之芳蔼兮，步踟蹰于山隅。于是忽焉纵体，以遨以嬉。左倚采旄，右荫桂旗。攘皓腕于神浒兮，采湍濑之玄芝。”这里也写到了身体各部分的美，体轻、溜肩、细腰、长颈、秀项、肤白、发密、眉长、唇丹、齿洁、面红、眼有神，这些用语要求也太高，所以只能写神仙了。所以，如果说，中国古代只重视精神的美而并不理会人

◎ 顾恺之《洛神赋图》（局部）

的身体美，是不对的。

人类特别重视精神的美有个原因，那就是精神的美是可以通过追求而达到完善，而身体的美与丑常常是一种偶然，无法从根本上改变状态。如果人类把自己的努力目标定于一个无法达到的境界，显然就失去了意义。

西方哲学家巴门尼德曾说过“能被思维者和能存在者是同一的”，这是说：存在的东西都是思维的材料，太阳底下没有不可思议的事。苏格拉底、柏拉图、亚里士多德等古希腊美学的代表性人物都继承和发展了巴门尼德原则，形成了以精神为言说主体的精神美学。苏格拉底也认为，人所创造的各个部分中，灵魂是最重要的。柏拉图说：“灵魂在肉体中的时候是生命之源，提供了呼吸和再生的力量，如果这种力量失败了，那么，肉体就会衰亡。”“如果灵魂是完善的，羽翼丰满，它就高天飞行，主宰全世界；但若有灵魂失去了羽翼，它就向下落，直到碰上坚硬的东西，由于灵魂具有动力，这个被灵魂附着的肉体看上去就像能自动似的。这种灵魂和肉体的结合就叫作‘生灵’，它可以进一步称作‘可朽的’。”柏拉图在《克拉底鲁篇》中又辩证地说，古希腊人对身心关系的两种看法是：有些人说肉体是灵魂的坟墓，可以把灵魂看作今生就被埋葬的；还有一种看法说肉体是灵魂的指标，因为身体把灵魂的迹象显示出来。尼采写道：“觉醒者和有识之士说：‘我全是肉体，其他什么也不是。’灵魂不过是指肉体方面的某物而言罢了。”这一说法与柏拉图是有一致性的。

中国成语中对人身体的美与丑提示得非常全面，从灵魂到肉体，没有遗漏。

描写人容貌体态的成语，称女子美丽的有：闭月羞花、亭亭玉立、沉鱼落雁、出水芙蓉、明眸皓齿、美如冠玉、倾国倾城、国色天香、眉清目秀、如花似玉、绰约多姿、冰清玉洁、雍容华贵。这些词多是称赞人的皮肤白皙，身材窈窕，落落大方，自然含蓄，矜持稳重，这里确实有中国人的传统审美观念。也有负面的，如愁眉苦脸、弱不禁风、东施效颦、花枝招展、搔首弄姿、金镶玉嵌、珠光宝气，多是说打扮得有点过分，失了自然之美。

说到男人的相貌体态，成语中也有一套自己的描写。正面的，如耳聪目明、威风凛凛、老态龙钟、容光焕发、落落大方、风流倜傥。这些多是从整体气质上来概括，并不太注重身体的零件。也有负面的：大腹便便、面黄肌瘦、瘦骨嶙峋、贼眉鼠眼。这些成语也多从身份和地位上着眼。

成语中说到人高兴的表情，如眉开眼笑、捧腹大笑、眉飞色舞、手舞足蹈、如获至宝、喜笑颜开、相视而笑、谈笑风生、笑容可掬、兴高采烈、喜上眉梢、欢天喜地。有的是大笑，有的是微笑，有的是从心里笑、偷着笑，有的是笑得极开心，有的是苦笑、乐不出来。

描写人的口才好，反应快，有较强口头表达能力，就说能说会道、口若悬河、口吐莲花、能言善辩、出口成章、滔滔不绝、伶牙俐齿、侃侃而谈、妙语连珠、对答如流、语惊四座、娓娓动听、绘声绘色。人与人之间总应该坦率真诚才好，“逢人只说三分话，未可全抛一片心”，那就太有心机了，保证没有人敢跟你交朋友。所以，与人交往应有的态度是：慷慨陈词、直言不讳、真心诚意、推心置腹、自圆其说、和颜悦色、胸无芥蒂。这些成语从几个侧面来表现人的风采。口才好无非是：一来思维好，能言善辩；二来口齿伶俐，发音的口腔器官结构好；三来心地真诚，热情坦诚。

描写人的口才不好或者说话不文明，说话的能力差，不但口齿不清楚，也逻辑混乱，如笨嘴拙舌、语无伦次、颠三倒四、没头没脑、支支吾吾、答非所问。花言巧语，表示说话太夸张而渲染过分，是不好的；爱传播小道消息、马路新闻，那就叫闲言碎语、东拉西扯、叽叽喳喳、喋喋不休；不说实话、撒谎欺骗，那就叫扯炮撒谎、大言不惭、闪烁其词、无所顾忌、拐弯抹角、故弄玄虚、虚情假意、旁敲侧击、含糊其词、振振有词、肆无忌惮。

描写谦虚的词有不骄不躁、功成不居、谦虚谨慎、戒骄戒躁、洗耳恭听、虚怀若谷、谨言慎行，这才是健康的品质。

描写人与人之间友情的成语有：推心置腹、肝胆相照、情同手足、志同道合、风雨同舟、荣辱与共、同甘共苦、亲密无间、关怀备至、盛情款待、促膝谈心、情深似海、患难之交、刎颈之交、拔刀相助、海誓山盟、心心相印、夫荣妻贵、比翼齐飞、白头偕老。这些成语也涉及朋友、兄弟、长幼、上下、夫妻间的感情内容。

中国传统思想重视尊重长者、贤者，有成语“见贤思齐”。因此特别鄙视骄傲自满、自以为是。描写骄傲的词很多：孤芳自赏、自满自足、自以为是、居功自傲、盛气凌人、目空一切、不可一世、目中无人、恃才傲物、妄自尊大、忘乎所以、唯我独尊、自高自大、自鸣得意、自我陶醉、自命不凡、沾沾自喜、自吹自擂、趾高气扬。这许多词都是揭示人自以为了不起，不知道天高地厚。传统思想认为，一个人没有本事当然不应该骄傲，即使有一点本事，也用不着以自己的长处看不起别人，俗话说：“能人背后有能人。”从一些成语中，我们发现，古人批评人骄傲使用的成语，大多是揭示人的没有自知力，也就是不知道将自己同别人比一比。如居功自傲，就是只看到自己的功，没见到别人也有贡献。最典型的还是《史记·廉颇蔺相如列传》

中描写的武将廉颇的骄傲。这个故事让我们深思的是,司马迁没有将骄傲全部看成是个人的品行缺点,而是强调了骄傲者的无知和浅陋,还强调了骄傲可能导致的严重后果。

请看:战国末期,当时秦、楚、齐、赵、韩、魏、燕七国中,秦力量最强,它为统一中国,采取远交近攻、各个击破的战略对外扩张。南边的楚国和西北的赵国,实力比秦弱。蔺相如完璧归赵和渑池会时,秦的主要力量正对付楚国,虽然对赵国虎视眈眈,还抽不出力量来进攻。这就是蔺相如进行外交斗争取得胜利的客观有利条件。廉颇曰:“我为赵将,有攻城野战之大功,而蔺相如徒以口舌为劳,而位居我上。且相如素贱人,吾羞,不忍为之下!”宣言曰:“我见相如,必辱之。”这就是典型的目空一切。他的缺点是观察事情的视角不正确。也可以说,骄傲的人是没有思维能力至少是不善于思考问题的人。

描写人物神态的词:神采奕奕、眉飞色舞、昂首挺胸、惊慌失措、漫不经心、垂头丧气、没精打采、愁眉苦脸、大惊失色、炯炯有神、出言不逊、唯唯诺诺、连蒙带唬。也显示出人情的种种。

描写人物仪态、风貌:文质彬彬、风流倜傥、风度翩翩、相貌堂堂、落落大方、斗志昂扬、谈笑风生、意气风发、威风凛凛、容光焕发。这都是很好的风仪。

描写人物神情、情绪:悠然自得、喜笑颜开、笑逐颜开、和颜悦色、兴高采烈、欣喜若狂、呆若木鸡、喜出望外、垂头丧气、无动于衷、勃然大怒、惊恐万状。这也包括了各种情绪特点。

但是,人的美与丑,给人的印象是综合的。这里面人的相貌与灵魂并不完全一致,但是,中国古代对人的道德风采却歌颂在先,有道德的人常常被描画成有风仪的美形象。

山高水长,这个词原本是形容山水的成语。青山很高,足以让人仰视;河流很长,让人想象自然的活力和美。所以《诗经·小雅》中有很美的诗句,“高山仰止,景行行止”,也已经在反复运用中被认定为成语。原诗在《小雅》里,“景”是大的意思,“行”是道路的意思。汉代郑玄注解说:“古人有高德者则慕仰之,有明行者则而行之。”朱熹注解说:“仰,瞻望也。景行,大道也。高山则可仰,景行则可行。”引申一下,高山,喻高尚的德行。景行,大路,比喻行为正大光明,经常“喻以崇高的品行”之意。后以“高山景行”比喻崇高的德行。司马迁在《史记·孔子世家》中写下了一段深情的话,这话是用来赞美孔子的:

太史公曰:“《诗》有之:‘高山仰止,景行行止。虽不能至,然心向往之。’余读孔氏书,想见其为人。适鲁,观仲尼庙堂车服礼器,诸生以时习礼其家,余祗回留之不能去云。天下君王至于贤人众矣,当时则荣,没则已焉。孔子布衣,传十余世,学者宗之。自天子王侯,中国言六艺者折中于夫子,可谓至圣矣!”

范仲淹的《严先生祠堂记》用“山高水长”赞美严子陵的风度和情操。成语的词义扩展了。“山高水长”几乎成为中国古代隐士的典范。《严先生祠堂记》文中写道:“盖先生之心,出乎日月之上;光武之量,包乎天地之外。微先生不能成光武之大,微光武,岂能遂先生之高哉?而使贪夫廉,懦夫立,是大有功于名教也。”文末歌曰:“云山苍苍,江水泱泱,先生之风,山高水长!”严先生是光武帝的老朋友,他们之间以道义互相推崇。后来光武帝得到兵权,乘驾着六龙的阳气,获得了登极称帝的时机。那时他统治着千千万万的人民,天下有谁能比得上呢?只有先生能够以节操来尊崇他。后来先生归隐江湖,达到了圣人自然清静的境界。先生视官爵为泥土,天下又有谁比得上呢?先生的品质,比日月还高;光武帝的气量,比天地还大。从而又作了一首歌：云雾缭绕的高山郁郁苍苍，大江大河的水浩浩荡荡，先生的品德啊，比高山还高，比长江水还长。

原来用的是“先生之德”，但“德”字，过于直白，与上句的“云山”“江水”也不匹配，不如改成“先生之风”更为妥切。“风”字确比“德”字更有蕴涵，更具神采。此外，钱穆先生如此评价：范仲淹以“德”指其人之操守与人格，但此只属私人的。风则可以影响他人，扩而至于历史后代，并可发生莫大影响与作用。孔子说：“君子之德，风。小人之德，草。草上之风，必偃。”孟子亦云：“圣人，百世之师也，伯夷、柳下惠是也。故闻伯夷之风者，顽夫廉，懦夫有立志。闻柳下惠之风者，薄夫敦，鄙夫宽。”但孟子只言伯夷、柳下惠之风，却不说伊尹之风，此何故？岂不因前两人无表现，而后一人有表现？在事功上有了表现的人，反而对后世的风力少劲。因事功总不免要掺杂进时代呀，地位呀，机缘呀，遭遇呀，种种条件，故而事功总不免滞在实境中，反而无风，也不能成为风。唯有立德之人，只赤裸裸是此人，更不待事业表现，反而其德可以风靡后世。在严子陵本人当时，只是抱此德，但经历久远，此德却展衍成风。故说“先生之德山高水长”之“德”字不如改“风”字，更见深义。

◎ 严子陵钓台

严子陵（前37—43），名光，又名遵，字子陵，西汉末余姚人。少年时代就到外地投师，刻苦好学，博学多才，性格耿直。在学时与南阳人刘秀是同学，两人白天探讨奥旨，夜来抵足而眠，结下深厚友谊。当时因朝廷腐败，王莽篡位，赤眉、绿林纷纷起义，严子陵见天下大乱，便回到余姚，隐居不出。后来刘秀统一天下，做了皇帝，就是东汉开国皇帝光武帝。光武帝知严子陵贤能，便派人四处寻访。有人见他反穿裘皮袄在泽中钓鱼，光武帝急忙派使者备了华丽的车马，请他入朝为官，但接连三次都被决然回绝。光武帝没法，便亲自到他的住处去请，岂料他竟躺在床上假寐不起。光武帝走到了他的身边，抚着他的肚腹说："你这个怪人，难道不肯助我治理天下吗？"他忽然翻身坐起，答道："从前尧帝那样有德有能，也还有巢父那样的隐士不愿出去做官。读书人有自己的志趣，你何必一定要逼我进入仕途呢？"光武帝听了直摇头，说："子陵，我终究不能说服你吗？"

然而，光武帝并没有死心，仍然把他请到洛阳。他虽被安置住在富丽堂皇的深宅大院，却绝不肯与朝廷显贵往来。光武帝去拜见他，他也不行君臣之礼。光武帝认为他是"狂奴故态"。

一天，光武帝把他请进宫中，促膝谈心，向他请教治国之道。严子陵滔滔不绝，口若悬河。两人谈到深夜，光武帝便留他同床睡觉。严子陵也不推辞，躺在床上，叉开双腿，沉沉入睡。睡到半夜，竟把一条腿搁到皇帝身上，光武帝也没有恼他。次日清晨，严子陵还在梦乡，光武帝就起了床。钦天监惊慌失措闯进宫门，奏道："臣昨夜仰观天象，发现有客星冲犯帝座，恐怕于万岁不利，特进宫面禀。"光武帝沉思片刻，恍然大悟，哈哈大笑道："哪里是什么客星冲犯帝座，是朕与好友子陵同床而眠，他的一条腿搁到了朕身上了。"

从此严子陵这个"客星"的雅号就名扬四海。他家乡的山陈山被称为"客星山"，桥被叫作"客星桥"。如今还保留在余姚四碑亭的严子陵碑文中，也有"依然城廓客星高"之句。

光武帝十分钦佩严子陵的人品才学，要他担任谏议大夫，他还是不肯接受，不辞而别，回到家乡余姚隐居。

建武十七年(41)，光武帝又派使者到了余姚请严子陵进京做官。他听到消息，再次躲避起来，为了避免朝廷再找麻烦，他带着家人，迁居桐庐富春江边种田、钓鱼。他钓鱼的地方后人称之为"子陵滩"。"严子陵钓台"至今遗迹犹在。严子陵回到余姚直至终老，享年八十，死后葬于余姚陈山。南宋丞相史浩有《严光墓》诗道："玉匣蛟龙已草莱，一丘马鬣尚封培；云台若也表名姓，千古谁知有钓台。"陈允平《严墓》诗也写道："山高石怪水冷冷，三尺孤墓葬客星；遥想陵原松桧色，晓烟暮雨为谁青。"

中国的才人可以选择为官，效忠国家，济世为民，也可以明哲保身，独善其身，达到自我完善。这都是被称颂的。

第四节 寂寥虚境里，何处觅长生
——成语与健身养生

养生成语里积淀着中华民族丰富的生活经验和科学知识，应该好好地研究它，可以说包含了一部中国养生学。

中国成语写人的身体健康状况的有：身强体健、钢筋铁骨、静如座钟、动如脱兔、气吞山河、红光满面。也有表现不健康的成语：呆头呆脑、气喘吁吁、骨瘦如柴、鸡胸龟背、白发婆娑、病入膏肓、大腹便便、汗流浃背、老态龙钟、茶饭无心。

◎ 福寿双全

人怎样才能有个健康的身体呢？

警惕“积劳成疾”。传统的养生学十分反对过度疲劳，反对苦战鏖战，甚至把战争年代的说法生搬硬套到和平建设时期。什么“轻伤不下火线”，这是“极左”思潮，缺少人道主义。成语中有“积劳成疾”“疲惫不堪”之说，就是对过度劳累者的提醒，因此提倡“劳逸结合”。“积劳成疾”出自明代小说《东周列国志》第六十九回：“**公孙归生，积劳成疾，卧不能起，城中食尽，饿死者居半，守者疲困，不能御敌。**”疲劳是一种信号，它提醒你，你的肌体已经超过正常负荷，应该进行调整和休息。不重视这个信号，就可能引起慢性疲劳综合征。慢性疲劳综合征表现为脑力和体力疲劳，睡眠质量差，失眠多梦，记忆力减退，脱发白发，视力下降，认知功能下降及一些躯体上的腰酸背痛，头晕头痛。疲劳需要恢复。有资料表明，人过三十岁以后，体力处于下降趋势，由于身体对疲劳的调节作用差，不能及时消除疲劳，天长日久，就会使肌体的抵抗力和免疫力下降，使某些潜伏在重要器官里的慢性疾病急性发作，从而损害健康。在条件允许的情况下，人们都应该爱护身体，不应该进行破坏性开发。

除了身体的健康之外，中国古代也特别讲人的精神应该健康，有成语叫心宽体胖、心胸开阔、乐以忘忧。

“心宽体胖”出自《礼记·大学》：“**富润屋，德润身，心广体胖。**”也写作“心广体胖”，这里的“胖”字读“盘”音，意思并不是指身体肥胖，应该解释为“舒泰”，安泰舒适。心胸开阔，就会乐以忘忧，不会为一点点小事而烦恼。

◎ 杞人忧天

相反地，心眼小，多虑多忧，是不好的心理。有个成语叫“杞人忧天”，正好与健康境界相反。故事出自《列子·天瑞》：

杞国有人忧天地崩坠，身亡所寄，废寝食者。又有忧彼之所忧者，因往晓之，曰：“天，积气耳，无处无气。若屈伸呼吸，终日在天中行止，奈何忧崩坠乎？”

其人曰：“天果积气，日、月、星宿，不当坠耶？”

晓之者曰：“日、月、星宿，亦积气中之有光耀者，只使坠，亦不能有所中伤。”

其人曰：“奈地坏何？”

晓之者曰：“地，积块耳，充塞四虚，无处无块。若躇步跐蹈，终日在地上行止，奈何忧其坏？”

其人舍然大喜，晓之者亦舍然大喜。

虽然解忧者说得也不太正确，但是这个成语寓言并不局限于说天不会塌下来这件事。它主要是提醒我们不必为自己主观设想的恐怖而害怕。成语郁郁寡欢、自惭形秽、自暴自弃、失魂落魄、破罐破摔、自甘堕落、畏首畏尾、疑神疑鬼，都不好。

疑人偷斧，出自《吕氏春秋》：“人有亡𫓧者，意其邻之子。视其行步，窃𫓧也；颜色，窃𫓧也；言语，窃𫓧也；动作、态度，无为而不窃𫓧也。俄而抇其谷而得其𫓧。它日复见其邻人之子，动作、态度，无似窃铁也。”我相信，这个丢失了斧头的人，如果找不到自己的斧头，可能会生病。因为他疑心会越来越大，但是没有根据，故不敢问那个人，这样的心理就不健康。“杯弓蛇影”说的那个人到别人家做客，主人赐给的一杯酒里映入墙壁上挂着的弓影，像一条蛇，他喝下酒后感到难受。这也是一种疑心病，也是心理不健康。

“杞人忧天”这个成语比喻小题大做、无根据的忧虑。中医学认为，“忧愁者，气闭塞而不行”。过分忧虑会损伤人的正气，容易让外邪入侵而生病。对于杞人忧天者而言，最好的良药便是乐以忘忧。后者出自《论语·述而》：“发愤忘食，乐以忘忧，不知老之将至云尔。”人在欢乐时会产生心理学上所说的“心境转移”，忘掉忧愁和烦恼。古人一直有“疾从忧生”的说法。欢乐心理是生理健康的标志。愉快的情绪能促进食欲、改善睡眠，可治疗百病。

◎ 松鹤延年

这样看来，忧至少有两种，一种是有意义的忧，另一种是无意义的忧。那位为忧天者而忧的人，也是忧，显然是有意义的。没有他的劝说，杞人会生忧郁病。另外，为民族、为国家而忧，也是有意义的。所以说“先天下之忧而忧，后天下之乐而乐”的精神千古流传，为人颂扬。

中国养生不但让我们忘忧，更提倡“清贫寡欲”。传统认为，烟酒对人体有害，多食增加人体的负担，“食不求饱”；营养过剩会导致身体不健康，清贫寡欲、粗茶淡饭、布衣蔬食最好。《南齐书·周颙传》云：“颙清贫寡欲，终日长蔬食……文惠太子问颙：‘菜食何味最胜？’曰：‘春初早韭，秋末晚菘。’”黄山谷题画菜云：“士不可使士大夫不知此味，不可使天下之民有此色。”自己清贫些，更能想到天下的百姓。说得多好！菘，就是白菜。俗话说：“百菜不如白菜。”虽然有点偏激，但是意思却很好。现代人应该认定白菜的确比较干净。

李渔在《闲情偶寄》卷五《饮馔》中说：

声音之道，丝不如竹，竹不如肉，为其渐近自然，吾谓饮食之道，脍不如肉，肉不如蔬，亦以其渐近自然也。草衣木食，上古之风，人能疏远肥腻，食蔬蕨而甘之，腹中菜园不使羊来踏破，是犹作羲皇之民，鼓唐虞之腹，与崇尚古玩司一致也。所怪于世者，弃美名不居，而故异端其说，谓佛法如是，是则谬类。吾辑《饮馔》一卷，后肉食而首蔬菜，一以崇俭，一以复古，至重宰割而惜生命，又其念兹在兹而不忍或忘者矣。

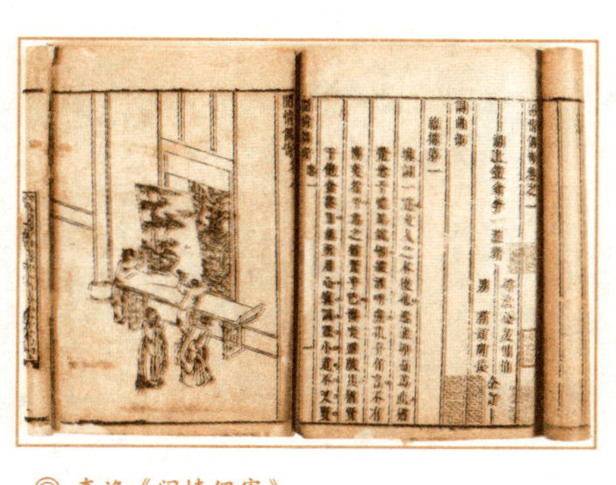

◎ 李渔《闲情偶寄》

《饮馔》部提出了“崇尚素食、接近自然、反对杀生”的饮食文化思想，很值得重视。李渔提倡素食，素食的部分占据了《饮馔》部的大量篇幅，几乎对每类食物都进行了具体的描述。描述之中，他总是认为种植不如天然，因为自然之物所蕴含的鲜美超越了清美、洁美、芳馥之美、松脆之美。似乎有不少地方很好笑，但是从保护自然和尊奉人道主义方面却让人心服。

养生也不能消极地对待。真正获得一个好身体，就得经常锻炼。年轻人百炼成钢，要向着体质健美、体力强健、精神健康、精力充沛的目标前进。到了中年之后的人，要安步当车，多走路、多活动身体，那就叫流水不腐，户枢不蠹。意即常流动的水不会腐臭，活动的门轴不会生虫子。这样才能长命百岁，甚至返老还童、鹤发童颜，以安享晚年。

第四章 成语的趣味性

中华成语中有很多是哲理的结晶，是中华民族世世代代在运用语言时保留下来的思维成果。我们在学习成语和使用成语的时候能够直接得到这一份宝贵文化资源，这是即使不用书本也可以得到的文化给养。

第一节 情亲见今日，语妙记当年
——成语的亲和性

成语本来是古今人民长期使用的语言，它具有很多优点，这些优点都是它的构成特点生成的。

概括起来说，成语的特点有两点值得注意。一是成语的内涵丰富，一是成语用字的凝练。这两点是我们运用语言时追求的最佳表达。但是，粗想起来，要想丰富就需要多说话，要想简练就得少说话。而既要多说话，又要少说话，二者之间就发生了矛盾。解决的办法也许有很多，但是最好的解决办法就是靠传播来实现语言的普及。成语因为流传得很广，特别是口头使用的概率非常高，这给语言带来了普适的性质。即使是非常文雅的成语，也是在知识分子之间广为人知的。试想，我们很多口语中的成语其实也不一定就那么好懂，即使是狐假虎威、南辕北辙也是很文雅的古语。但是通过传播，约定俗成，人们习以为常了，人人会说，人人会用，能够达到虽不能详解,却也不至于用错的情境,所以我们说成语有亲和性的特点。这实在是语言的奇迹。它表意集中,言简意赅,内含丰富却语言精简,用起来就方便了。

2011 年 5 月 10 日第一财经网报道——《排万难同享福:中国成语揭幕》,是个极有趣的例证:

北京时间昨晚,第三轮中美战略与经济对话在美国首都华盛顿揭幕。

中美两国官员以互秀成语的方式开场。国务委员戴秉国在讲话中强调了“下定决心,排除万难”,美国财政部长盖特纳则引用“有福同享,有难同当”的谚语形容中美两国的关系。

美国国务卿希拉里亦指出,两国在处理双边议题时应该“逢山开道,遇水造桥”。

这样运用成语显然增加了亲和性,就能够在轻松和愉快的气氛下会谈。

很多成语在使用中都能够收到这样的效果。比如用“大智若愚”形容一个人虽然说话或者做事表面上有点愚迟、不精明,但是遇见重要的问题、关键的事情,却能处理得恰到好处,这是很好的概括。因为一个人不可能事事精明,只要能够不误大事也就很好了。

众口难调,是由宋代欧阳修《归田录》中的话概括出来的,书的卷一有:“补仲山之衮,虽曲尽于巧心;和傅说之羹,实难调于众口。”后来说吃饭的人多了,做饭做菜就很难,因为饭菜的味道很难让所有的人都满意。用得多了就衍生出比喻义。通常可以比喻做一件事情不容易使各方面都满意。像这样的成语,语言的表层意义既通俗又明白,而比喻义却有很丰富的哲理性。人们使用一个词就说出了两层意思,两层意思之间互相解释。如果改成一般的话来表达，即使多用很多的话，也不一定能表达得像用成语那样丰富和透彻。

说自己没有多余的东西，用“别无长物”。这是晋人的故事，见于《世说新语·德行》：“王恭从会稽还，王大看之。见其坐六尺簟，因语恭：‘卿东来，故应有此物，可以一领及我。’恭无言。大去后，即举所坐者送之。既无余席，便坐荐上。后大闻之，甚惊，曰：‘吾本谓卿多，故求耳。’对曰：‘丈人不悉恭，恭作人无长物。’”王恭，字孝伯，历任中书令，青州、兖州刺史，为人清廉。晋安帝时起兵反对帝室，被杀。王大，即王忱，小名佛大，也称阿大，是王恭的同族叔父辈，官至荆州刺史。王恭从会稽回来后，王大去看望他。看见他坐着一张六尺长的竹席子，便对王恭说：“你从东边回来，自然会有这种东西，可以拿一张给我。”王恭没有说什么。王大走后，王恭就拿起所坐的那张竹席送给王大。自己既没有多余的竹席，就坐在草席子上。后来王大听说这件事，很吃惊，对王恭说：“我原来以为你有多余的，所以向你要呢。”王恭回答说：“你不了解我，我为人处世，没有多余的东西。”这是多么有趣的故事。

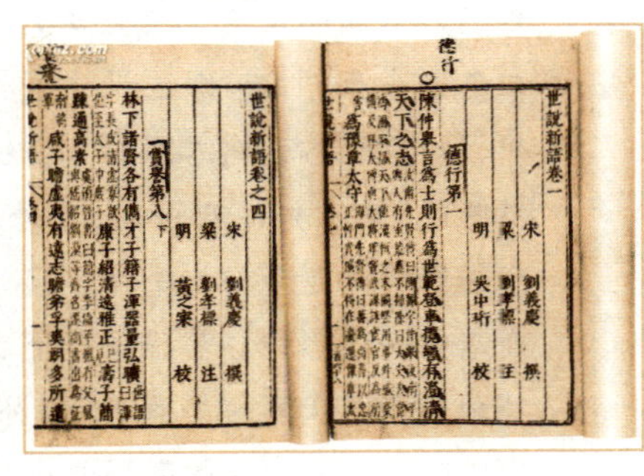
世說新語卷之四
宋 劉義慶 撰
梁 劉孝標 注
明 黃之寀 校
賞譽第八 下
世說新語卷一
宋 劉義慶 撰
梁 劉孝標 注
明 吳中珩 校
德行第一

◎《世说新语》

程门立雪，也是非常感人的故事。语出《宋史·杨时传》：“杨时字中立，南剑将乐人。幼颖异，能属文。稍长，潜心经史。熙宁九年，中进士第。时河南程颢与弟颐讲孔、孟绝学于熙、丰之际，河、洛之士翕然师之。时调官不赴，以师礼见。其归也，颢目送之曰：‘吾道南矣。’四年而颢死，时闻之，设位哭寝门，而以书赴告同学者。至是，又见程颐于洛，时盖年四十矣。一日见颐，颐偶瞑坐，时与游酢侍立不去，颐既觉，则门外雪深一尺矣。德望日重，四方之士不远千里从之游，号曰龟山先生。”《二程语录·侯子雅言》亦载：“游、杨初见伊川，伊川瞑目而坐，二人侍立，既觉，顾谓曰：‘贤辈尚在此乎？日既晚，且休矣。’及出门，门外之雪深一尺。”说的都是杨时和游酢去拜见他们的老师程颐时，程颐正在闭目养神，他们就在老师身旁等候。等程颐瞑坐后睁开眼睛，天色已晚，程颐就让他们第二天再来。这时，门外下的雪已经有一尺深了。故事中的学生对先生的敬重永远让我们感到温暖。

◎ 程门立雪

我们也许不必担心群众不懂成语。群众喜欢成语，自有他们的解决办法，用不着我们读书人操心。比如，他们发明了一种解释成语的方法，那就是歇后语。我们研究歇后语的人很多，只说这是为了幽默，却忽略了歇后语的语言形式是源于口头注解的需要，说明我们太学院化。比如：手拿鸡蛋走滑路——提心吊胆，乌龟看青天——缩头缩脑，夏天发抖——不寒而栗，万岁爷掉在井里——不敢劳驾，山羊见了老虎皮——望而生畏，曹操用人——唯才是举，孔明斩魏延——借刀杀人，刘姥姥进大观园——眼花缭乱，狗咬吕洞宾——不识好歹，孙猴子吃蟠桃——自食其果，肉包子打狗——有去无回。为了说个成语，又怕别人听不明白，就先加上通俗的说明，就让语言走向了口语化、通俗化。

多么有趣!

成语易记易学,雅俗共赏,是因为许多成语是以常用词、常用字、常见事、常见物为基础构成的。我们可以做个游戏,试说出含有数字的成语:一、二、三、四、五、六、七、八、九、十、两、百、千、万。

一帆风顺　二虎相争　三番五次　四平八稳　五角六张

七拼八凑　八面玲珑　九九归一　十全十美　两相情愿

百发百中　千锤百炼　千言万语　万众一心　万象更新

再说出与方位有关的成语:东、西、南、北、中、上、下、左、右、前、后、里、外。

东拉西扯　南征北战　南辕北辙　锦上添花　上行下效

骑虎难下　左右开弓　左右为难　前思后想　空前绝后

承前启后　外强中干　里应外合　喜出望外　九霄云外

还有含有季节的:春、夏、秋、冬。

春满人间　春华秋实　春风风人　夏雨雨人　夏炉冬扇

一日三秋　春花秋月　春蚓秋蛇　阳春白雪　冬寒抱冰

与人体有关的成语:头、足、脚、腿、手、指、口、唇、齿(牙)、发、眼(目)、耳、心、肺、眉、腰、背、血、肩、胸、乳、肝、胆、颜、筋、骨。

头痛医头　手足无措　手舞足蹈　耳聪目明　头角峥嵘

心旷神怡　脚下生风　眉目传情　眉清目秀　虎背熊腰

肩负重担　胸有成竹　明眸善睐　明眸皓齿　血雨腥风

唇亡齿寒　怒发冲冠　没心没肺　颐指气使　狼心狗肺

肝胆相照　口若悬河　厚颜无耻　巧舌如簧　钢筋铁骨

含有生肖和其他动物的:鼠、牛、虎、狼、兔、龙、蛇、马、羊、猴、鸡、狗、猪、獐、鹤、驴、虫。

鼠窃狗偷　牛鬼蛇神　生龙活虎　龙凤呈祥　兔死狐悲

守株待兔　狐假虎威
狡兔三窟　兵强马壮
蛇蝎心肠　杯弓蛇影
戎马倥偬　獐头鼠目
狼狈为奸　狗仗人势
猴年马月　凤毛麟角
独占鳌头　呆若木鸡
白云苍狗　打草惊蛇
悬崖勒马　顺手牵羊
鹤立鸡群　黔驴技穷
画龙点睛　瓮中捉鳖

◎ 十二生肖图

对牛弹琴　声名狼藉　指鹿为马　鱼目混珠　一箭双雕
蜂拥而至　爱屋及乌　鹏程万里　狼吞虎咽　洪水猛兽

含有地理名词的成语：山、河、江、流、岭、海、壑、湖、水、川、溪、涧、峡、谷、沟、渠。

山呼海啸　五湖四海　江山多娇　百川归海　山寒水冷
川流不息　百舸争流　虚怀若谷　以邻为壑　水到渠成
山高路险　悬崖峭壁　高山流水　四海为家　海枯石烂
山盟海誓　青山绿水　深沟险壑　砺带河山　海底捞针

含有植物的成语：林、树、木、草、花、果、柳、杨、谷、兰。

十年树木　树大根深　空谷幽兰　莺飞草长　花红柳绿
硕果累累　枯木逢春　五谷丰登　指桑骂槐　火树银花
铁树开花　独树一帜　柳暗花明　前因后果　木已成舟
打草惊蛇　风吹草动　奇花异草　种瓜得瓜，种豆得豆

与气象有关的成语：风、云、雨、雪、霜、露、潮、浪、冰。

风花雪月　风餐露宿　移风易俗　雪上加霜　冷若冰霜
冰清玉洁　冰雪聪明　捕风捉影　望风而逃　风驰电掣

血雨腥风　大浪淘沙　光风霁月　风调雨顺　和风细雨
狂风暴雨　未雨绸缪　九霄云外　腾云驾雾　风云变幻
风起云涌　行云流水　烘云托月　过眼烟云　孤云野鹤

有关人的动作行为的成语：言、说、笑、写、看、见、听、想、打、骂、走、闻、买、卖、舞等。

说到做到　说三道四　偏听偏信　闻风而动　百闻一见
买空卖空　指鸡骂狗　走南闯北　笑逐颜开　顾盼神飞
沉鱼落雁　亭亭玉立　倾城倾国　遗世独立　义无反顾
勇往直前　随手拈来　纵横驰骋　一挥而就　舞文弄墨
见风使舵　顺水推舟　乘风破浪　寻衅闹事　装神弄鬼

以上这些方面都是与日常生活有特别密切关系的事物，这样的材料构成的成语自然就产生了通俗易懂、喜闻乐见的效果。如果能够在日常生活中掌握有几百个形象生动的成语，那一定能够流利地表达自己的思想和观点，而且显得很高雅。

第二节　故事犹如此，新图更可怜
——成语的故事性

中华成语有很多本身就包含某个特定的历史人物或事件，如三顾茅庐、东施效颦、愿打愿挨、完璧归赵、大义灭亲、退避三舍、邯郸学步等，有的是来源于神话、童话、传说、民间故事、笑话、名人轶事，我们在学习成语时就会将这些文学作品

◎ 三顾茅庐

引入语言环境。

很多成语源于神话传说，如云锦天章、兴云致雨、无缝天衣、猛志常在、擎天之柱、开天辟地、愚公移山、大义灭亲等。

盘古是中国古代传说时期开天辟地的神，是我国历史传说中开天辟地的祖先。他的故事蕴涵了丰富的文化、科学内涵，是研究宇宙起源、创世说和人类起源的重要线索。《广博物志》卷九《五运历年纪》这样记载："盘古之君，龙首蛇身，嘘为风雨，吹为雷电，开目为昼，闭目为夜。死后骨节为山林，体为江海，血为淮渎，毛发为草木。"盘古最早见于三国时徐整著的《三五历纪》。其后，题为南朝梁代任昉撰的《述异记》称盘古身体化为天地各物。《五运历年纪》(不详撰成年代或云亦徐整著)及《古小说钩沉》辑的《玄中记》亦有类似记载。《述异记》："元者，本也。始者，初也，先天之气也。此气化为开辟世界之人，即为盘古；化为主持天界之祖，即为元始。"

◎ 盘古开天辟地

大义灭亲，是个历史故事。出于《左传·隐公三年》(前720)："卫庄公娶于齐东宫得臣之妹，曰庄姜，美而无子，卫人所为赋硕人也。又娶于陈，曰厉妫，生孝伯，早死。其娣戴妫，生桓公，庄姜以为己子。公子州吁，嬖人之子也，有宠而好兵，公弗禁，庄姜恶之。石碏谏曰：‘臣闻爱子，教之以义方。弗纳于邪，骄奢淫泆，所自邪也。四者之来，宠禄过也。将立州吁，乃定之矣。若犹未也，阶之为祸。夫宠而不骄，骄而能降，降而不憾（恨也），憾而能眕者，鲜矣。且夫贱妨贵、少陵长、远间亲、新间旧、小加大、淫破义，所谓六逆也。君义、臣行、父慈、子孝、兄爱、弟敬，所谓六顺也。去顺效逆，所以速祸也。君人者，将祸是务去。而速之，无乃不可乎？’弗听。其子厚与州吁游，禁之不可。桓公立，乃老。”

故事说的是，春秋时，卫庄公的夫人宠爱她的儿子州吁，州吁因此骄横跋扈；庄公也很喜欢他。大夫石碏很为国家担忧，他对庄公说，如果你要立州吁为继承人，就应该早些定下来；如果不定下来，就应该管管他，以免惹祸。庄公没听他的意见。石碏的儿子石厚与州吁关系密切，经常在一起出去干坏事，而石碏自己又制止不了。庄公死后，桓公继位。桓公生性懦弱。石碏知道祸事就要发生，立即告老回家，不参与朝政。

不久，州吁果然与石厚合谋杀害卫桓公，自立为国君，拜石厚为大夫。但民众不服，国家的政局动荡不安。

石厚回家对石碏说：“新国君登位，但人心不服，恐怕坐不稳，求父亲出一个好主意。”石碏让石厚朝见周天子想办法。石碏说：“现在陈国的君主很受天子喜爱，而我们卫国与陈国很和睦。如果新国君亲自到陈国，请求陈侯向周天子提出要求，必然成功。”州吁认为这个办法很好，备厚礼带着石厚到了陈国。

州吁和石厚走后，石碏立即写了一封信，秘密地派心腹送给陈桓公,说:"州吁和石厚前来贵国,这两个人就是弑君篡位的乱臣贼子。如果不除,卫国人心不安,国家动荡。"

州吁和石厚高高兴兴来到陈国,一入朝,陈桓公就令人把他们捉住囚禁起来,然后派人报告卫国。石碏接到陈国的公文后,知道州吁和石厚已被陈桓公捉拿,立即召集满朝文武百官商议怎么处理。

百官都说:"州吁弑君篡位,罪该万死,应该处死。石厚只是帮凶,可从轻发落。"石碏说:"州吁该杀;石厚虽然是我的儿子,但没有他帮州吁,州吁也干不出这大逆不道的事来,所以他也该死。我不能因为他是我的儿子而偏袒他。"

于是卫国派右宰丑去杀了州吁,石碏派家臣去杀了石厚。

《左传》的作者左丘明写完了这段历史后,称石碏"**为大义而灭亲**"(为了维护君臣大义,不顾亲属之情,坚决把儿子杀掉)。后人常用"大义灭亲",指为了维护正义或国家、人民利益,对犯罪的亲属不徇私情,使其受到应有的制裁。

"兔死狐悲",这是一个感人的童话故事。从前,人们最喜欢用兔皮、狐皮做皮衣、皮帽,所以打猎的人就特别爱追逐兔子和狐狸。它们为了对付猎人,联盟发誓同生死,共患难。一天,它们正在田野里享受大自然的美景,不料一群猎人来了,一箭先射死了兔子,狐狸侥幸跑了。猎人走后,狐狸就跑到兔子身旁,哀泣悲悼。有长者问狐狸哭泣的原因。狐狸悲哀地说:"我的同盟被猎人射死了,猎人肯定不会忘记我了,因为我的皮毛比兔皮更好。它的今日,就是我的明日,所以悲伤哭泣。"

这样的童话故事,说明同类相怜,因同类的命运而感同身受。但是我们不能用于褒义。狐和兔在童话里形象不大好,常常被比喻成狡猾和卑微的形象。

“揠苗助长”，这是一个寓言故事。做事求速成并不错，错在不能违背事物的客观规律。语本《孟子·公孙丑上》：“宋人有闵其苗之不长而揠之者，芒芒然归，谓其人曰：‘今日病矣，予助苗长矣。’其子趋而往视之，苗则槁矣。”这么简单的情节，能让你笑，笑过之后又让你深思。《孟子》是为了说明：“天下之不助苗长者寡矣。以为无益而舍之者，不耘苗者也。助之长者，揠苗者也。非徒无益，而又害之。”要种秧苗，不能犯两种错误：一是不闻不问，袖手旁观；一是违背客观规律，以意为之。如果我们做得不好，原因是多方面的。但是众多原因中一定有一条，那就是不明白顺应事物的规律做事的重要性。种田、放牧、种菜、学艺、做官、打仗，也包括管理国家大事，都要因势利导，不能主观随意。“揠苗助长”是说对待植物；“鲁王养鸟”是对待动物，把鸟当自己来养，心是好的，但是办法却非常笨。可是总用笨办法而不愿意聪明的人，也不能说心就特别好。说“人有多大胆，地有多高产”，“人的理性为自然立法”等，都与这个人的思维有关。

◎ 揠苗助长

“肝肠寸断”源于一个传说，是个通俗的成语，却有着让人撕心裂肺的故事。肝肠寸断，形容极度悲伤或者极度思念之苦。这是一则古老的传说：恒温入蜀时，部将在三峡捉到一只小猿。老猿失子后缘岸哀号百余里紧追不放，终于跳上船，当即气绝身亡。破腹一看，老猿肠子已经痛断成一

◎《水经注》

节一节的。尔后，人们经过三峡，就会听到高猿长啸，属引清远。《水经注》记载：“每至晴初霜旦，林寒涧肃，常有高猿长啸，属引凄异，空谷传响，哀转久绝，故渔者歌曰：‘巴东三峡巫峡长，猿鸣三声泪沾裳。’”即从此而得意。后人袭用此说成为套路。李白《宣城见杜鹃花》：“蜀国曾闻子规鸟，宣城还见杜鹃花。一叫一回肠一断，三春三月忆三巴。”（一说为杜牧诗）人们用惯了这个成语，也应该知道这最有人情味的典故，却是源于一个动物故事。

魏武帝曹操《蒿里行》：“生民百遗一，念之断人肠。”魏文帝曹丕《燕歌行》：“念君客游思断肠，慊慊思归恋故乡。”已经使用“断肠”的典故。但是成语出于刘义庆的《世说新语·黜免》：“桓公入蜀，至三峡中，部伍中有得猿子者。其母缘岸哀号，行百余里不去，遂跳上船，至便即绝。破其腹中，肠皆寸寸断。公闻之怒，命黜其人。”

这些成语中的故事已经成为中华民族的宝贵文化财富，可惜我们读得不够好，对其中的深刻含义注意不够。

第三节 一句言语可立碑
——成语的哲理性

说成语中有至理名言，并不是我们的发现。明代郎瑛《七修类稿》中就有一段“谚语至理”：“御史初至则曰‘惊天动地’，过几月，则曰‘昏天黑地’，去时，则曰‘寂天寞地’，此言其无才者也；赊酒时，‘风花雪月’，饮之时，‘流星赶月’，讨钱时，‘水底摸月’，喻世之无赖者也；未娶时‘越河跳井’，既娶则‘担雪填井’，娶久多生不能养育则‘投河奔井’。此言虽戏，皆深致于理也。”这里他说的谚语，其实应该是成语。郎瑛说这些用成语概括的说法里面有至理，也就是成语里面包含至理。成语中的理，与诗中的哲理是有关系的。

哲理是指论宋诗时使用的概念。传统认为唐诗用形象思维，而宋诗却别有特点，那就是讲究哲理。就是说宋诗好议论，但是有感发读者的审美情趣的理性发现。

宋代包恢在《答曾子华论诗》一文中说过：“状理则理趣浑然，状事则事情昭然，状物则物态宛然，有穷智极力之所不能到者，犹造化自然之声也。”他将说理、叙事、状物都视为诗的美学因素。自然和谐、鲜明生动，具有强烈的感染力，能感发读者的审美情趣也是诗的魅力。诗不排斥说理，只是说理要有趣味，就是巧妙而新鲜。宋诗受理学影响，加上以文为诗的时代风气，重说理而忽视形象塑造，包氏此论正切中时弊，与严羽“不涉理路，不落言筌”之说大体相同。清末刘熙载在《艺概·诗概》中说：“陶、谢用理语，各有胜境。钟嵘《诗品》称‘孙绰、许询、桓、庾诸公诗，皆平典似《道德论》’。此由缺哲理耳，夫岂尚理之过哉。”

其实，哲理这个概念是缺少理论色彩的说法。这是个比较复杂的问题，我们先不忙跟他们较真。在成语中，也有哲理的表现。

积非成是，这个词的出现就是哲理思考的成果。反面的事情积累得多了，可能会得到大家正面的认可和肯定的评价。这很好地显示了风俗就是一种约定俗成。其约定俗成的强大力量会让良俗得以发扬光大，也能使恶俗顽强生存而且无限地泛滥。因为一般的世俗中，判断依据的不是思辨的真理标准，而是类比的趋同标准。于是一般概念：“是”就“是”，“非”就“非”；一百个“是”还是“是”，一百个“非”还是“非”。形象点说，一块煤是黑煤，一千万吨煤也不可能变成白雪。可是，这个世界不是由纯粹煤块构成的，所以也就不像煤块那么简单到一目了然。少数服从多数的原则是一个产生可行方案的方法，并不能产生真理的判断。就比如中国古代女人的缠足，有谁想过，这样一种残酷的“刑法”是怎样在我们的民族中种下种子、扎根生长起来的？从一个小女孩儿流着眼泪、扶着墙根走路，终于成了半残疾，然后又用同样的方法折磨她的后代，“积”了非人道的习惯，“成”了世世代代自己受折磨。再说中国的吃喝风。以吃喝为“天”是中国的老俗话。人们可以举出一千条理由开吃开喝，可是，只要花的是自己的钱，我们却不便干涉。用公款吃喝却一发而不可收，越吃越大方，越吃越胆大，越吃越出格。只要公家出钱，龙肝凤胆也敢吃。这吃喝的“毛病”岂不是积成了“是”？

“积非成是”是非常可怕的社会心理现象。据说曾经有一个小孩子恶作剧地坚持把自己的左眼蒙上装盲人。这样过了一段时间，当他除掉那块蒙蔽光明的黑布时，可怕的事情出现了：他的左眼真瞎了。柏拉图曾经训斥一个醉心于玩骰子的孩子，而那个孩子却反驳他说：“你为这点小事就训我？”柏拉图说：“习惯可不是小事。”恶习是从小时候就养成的。一个人长大后做了很坏或者很好的事情，大都能够从他的幼年教育中找到一些或者很多根据。法国散文家蒙田说过：“习惯是一个粗暴而又阴险的教师。它悄悄地在我们身上建立起权威，起初温和而谦恭，时间一久，便深深扎根，最终露出凶悍而专制的面目，我们再也没有自由，甚至不敢抬头看它一眼。”“有的人认为我们身上有两个灵魂，另一些人认为我们身上有两种天性，永远伴随我们而又各行其是，一种鼓励我们行善，一种鼓励我们作恶。”“我相信最难做到的是始终如一，而最易做到的是变幻无常。”在任何时候，只要一种错误或者邪气得不到纠正，它就会将人性和社会风气部分地甚至全盘地腐蚀、异化。

◎ 蒙田

弄巧成拙，这个成语也含有值得我们深入思考的辩证法，它是讲一个“巧”与“拙”的辩证关系。成语“画蛇添足”的主人公就演出了弄巧成拙的事儿。画蛇添足，也作“为蛇画足”，出于《战国策·齐策二》：“楚有祠者，赐其舍人卮酒。舍人相谓曰：‘数人饮之不足，一人饮之有余；请画地为蛇，先成者饮酒。’一人蛇先成，引酒且饮之，乃左手持卮，右手画蛇，曰：‘吾能为之足。’未成，一人之蛇成，夺其卮曰：‘蛇固无足，子安能为之足！’遂饮其酒。”

◎ 维纳斯像

这个成语故事比喻做事节外生枝，不但无益，反而有害。它是讲，在艺术创作上过于追求精心和细致，常常忽略了整体的真实。这就是我们为什么有时倒特别欣赏民间艺术粗犷质朴风格的原因。民间的艺术虽然显得有些粗糙，但是绝对是有道理的真实，不是违背逻辑的精细。多余的细致不如残缺的整体。维纳斯断臂，虽然人们看不到那只胳膊，但那神韵是有的。

◎ 罗丹雕塑《思》

罗丹的《思》只雕刻了一个女子的头部，然而它照样是一个艺术整体。低头的姿态，忧郁而凝视的目光，紧闭的双唇，生动地表现了一个女子沉浸在默默的深思之中。甚至那“头额上帽子的边缘也好像她的沉思冥想的羽翼一样”。她没有被细雕身体和手足，反而更突出了她的沉思。仅仅一个头部就构成了一个沉思女子的审美意象，你不能不说这艺术的高明和简约。这个审美意象就是一个艺术整体。

再如中国南宋画家马远的山水画，人称“马一角”，就是说他善于以局部描绘代替整体。画面上只画山水的一角，其余均为空白，然而这空白却是画面整体的有机组成部分。从这样的意义上说，一条成语，不亚于一本艺术美学教科书。

移风易俗，这一个成语中有社会学。这个成语最早出现在《孝经》：“移风易俗，莫善于乐。”传曰：“百里不同风，千里不同俗，户异政，人殊服。”儒家认为社会风俗的不断改良要靠“移”，而不是强制。人们有什么习惯，穿什么衣服，各有所好，要想达到一致，可以用礼乐来教化。

什么是风俗？《史记》张守节正义说“上行谓之风，下习谓之俗”。这不是很好的解释。因为即使是官方规定下来的东西也得经过民间，即社会底层的检验、认可，才能不胫而走，传向四面八方，传向千秋万代。《刘子·风俗》说：“风者气也，俗者习也。土地水泉，气有缓急，声有高下，谓之风焉；人居此地，习已成性，谓之俗焉。”这样说还是有道理的。

风，是一种传播现象；俗，是重复出现而演化成的习惯。汉代应劭写过一本书《风俗通义》，其中论风俗的控制作用是“均齐民风”。他把风俗说成是自然形成的现象是对的。但是他强调的是圣人的规范才使风俗形成，就只讲对了一半。风俗的形成有自上而下的推行所致，也有民间演化成习而传开的。但是有一点认识是一致的，那就是风俗一定是民间的文化现象。

所以，风俗就是一种通过传承延续下来的民间文化。风俗是一种社会约定，个人的叫习惯，社会整体的就叫风俗。风俗是习惯的延伸；习俗是习惯的原因，也是它的结果。因为大家喜欢一种行为习惯，于是就愿意保存下来，相延成俗。任何风俗，都是一种历史属性，不通过历史的不断证明，就不能说什么东西是“俗”什么东西不是“俗”。风俗，自然可以说有良俗、恶俗，我们中国的老风俗中的男人留长辫、女人缠足，还有纳妾、吸毒、偶像崇拜、权力崇拜等，当然是恶俗，而中国人自古讲天人合一、人性的坚韧、讲礼节、重情义、爱和平、文化的向心性等所形成的美好传统，都是良好的风俗。一般的风俗其实就是一种习惯，各人自便，无须划一，如过什么节日、尚何种饮食、习惯穿什么衣服，有不同喜好就不必干涉。但是风俗确有良俗和恶俗之分。

◎ 培根

风俗是有惰性的文化，风俗一旦形成，总有个普适性，也有保守性。大家很熟悉的思想家培根就说过：“习俗之所立，虽不优良，不失为适合时世，这是真的；又长期并行的举动好像是互有关联的，而新的事物则与旧者不甚契合；它们虽有用，可是因为与旧的事物不融洽，所以会引起纠纷。再者，新的事物好像异邦人，很受人艳羡，可是不大得人欢心。”

我们不能以为普适性的风俗就是大家都喜欢的。应该说普适的任何东西都是大家不得不遵从的，才对。

培根接着说道：“这些话当然都对，假如时间是停留不动的；可是时间是动转不停的，所以，固执旧习，其足以致乱，与革新之举无异；而过于尊崇古昔者将为今世所谬笑也。”

科学家帕斯卡尔在《思想录》里写道：“习俗的力量是如此巨大，以致于我们竟从天性只是造成其为人的人们中，造成了人的各种境况；因为有的地方就都是瓦匠，另有的地方又都是兵士，等等。毫无疑问，天性绝不会是如此齐一的。因而造成了这一点的就是习俗，因为习俗束缚了天性。”这些方面，改革家是不能不留心的。科学家的话告诉我们：移风易俗不但有可能性，更有必要性。

这样，我们就发现，中国古代思想家们早就注意到了风俗的作用、风俗的惰性、风俗的可易性。成语“移风易俗”，是可以给我们许多启发的。

亡羊补牢，这是一个有趣的成语。意思是说因为羊圈的豁口大，狼进来了，叼走了羊，发现这个问题之后，再去修补羊圈，还不算晚。原出西汉刘向《战国策・楚策四》。说的是战国时楚襄王荒淫无度，不听别人的意见，执迷不悟，还将劝谏的大臣庄辛赶出楚国。五个月后秦国趁机征伐，很快占领楚都郢。楚襄王后悔不已，派人到赵国请回庄辛，庄辛说：“见兔而顾犬，未为晚也；亡羊则补牢，未为迟也。”鼓励楚襄王励精图治、重整旗鼓。其实，这故事里面是有概念偷换的错误。丢失了羊，再补羊圈，其实是晚了。因为我们说晚与不晚应该就丢的那只羊来说，而说“未晚”却是对于其他的羊而言。我们日常生活的逻辑应该是首先正视问题，然后才是如何防止事故再发生。我们只能说，从更广泛的意义来说，问题发生以后，如果想办法补救，可以防止继续发生类似的事情。

又如“物极必反”有老庄哲学，是说事物发展到极限就会向相反的方面转化。“祸福相依”，体现了矛盾同一性原理，即矛盾双方不仅相互依存，而且在一定条件下相互转化。又如“善泳者溺，善骑者堕，各以其所好反自为祸”“塞翁失马，安知非福”“居安思危”都包含着矛盾同一性原理。

“疑人偷斧”有心理学，也有逻辑学。试想，我们因有很多怀疑未决的事情冤枉了多少好人！

如果没有弄清楚谁是偷斧者，那位被怀疑的邻人之子就永远不能解脱。但是这里还有一个心理问题：因为你怀疑对方偷了你的斧头，会在主观上把他的一切行为向着小偷的形象上去想象。于是越看对方越不是好人，越不像好人就越怀疑。等到事情弄清楚以后，再看那位邻居之子便怎么看也不像是个小偷了。这故事倒没有说，当那个邻居之子被怀疑的时候，他本人是什么心理。我们生活中有许多的冤案就是这样被错定的。当今的法律已经从根本上将“疑罪从有”纠正为“疑罪从无”。当没有事实证明一个人有罪的时候，应该认定那个人是无罪的。所以说，故事不仅涉及心理学，也涉及法学。

如果再问：“疑人偷斧”中的那个丢斧者的错误是什么？怕也是我们没有想过的吧。笔者认为，他是犯了一个先戴帽子、下结论，再拼凑材料的毛病。当他怀疑邻人之子偷了他的斧头时，他并没有什么事实证据。但是由于对人有疑心，便将别人的一切正常行为看成与偷窃有关。这是极可怕的思维方法。在历史上，有许多好人就是这样被冤枉的。

疑人有罪，越看别人越是坏人，相反的事情也会有。比如，因为欣赏一个人，也会越看对那个人印象越好。“情人眼里出西施”，一个人要想把握自己是不容易的，所以说，遇事必须清醒。

其他类似的情况还有很多，比如：

“安贫乐道”有一种人生观，是从《论语·学而》“未若贫

而乐，富而好礼者也”升华而来的。原是孔子对学生子贡的一番教诲，意思是让他们忍受贫困生活，一切为了儒家的道。概括了古老中国人一种退行的生活态度。

“官官相护”则分明是讽刺官场结成利益集团的黑暗和腐败，也是一种最应该警惕的政治黑暗。

“玩火自焚”有政治学，是对邪恶行为的审判。源于《左传·隐公四年》：“**夫兵，犹火也，弗戢，将自焚也。**”后以“玩火自焚”比喻冒险干坏事的人必将自食其恶果。

“投鼠忌器”有决策学。如果老鼠真的爬在精美的瓷器上了，是选择打还是选择不打，这就得先判断和抉择一下。如果打，即使能够打死它，还会有别的老鼠来，可是器物损坏了就一去而不复返了，所以有所忌是对的。这和司马光砸缸有相似的道理。司马光选择砸是对的，也是一种决策，其原则是：两利相较取其重，两害相较取其轻。

第四节 诗成寄与我，锵若金和丝
——成语的诗趣

成语中含诗句

说成语是诗意的，并不难理解。因为许多成语里游离着诗的词语句样。如楚辞、汉诗、古乐府、南北朝诗歌、隋唐以后各家诗作中的名句，都在一种特别的流传中进入成语。它不仅保有诗的片段诗意，还能够让人想到原诗的意境和哲理。

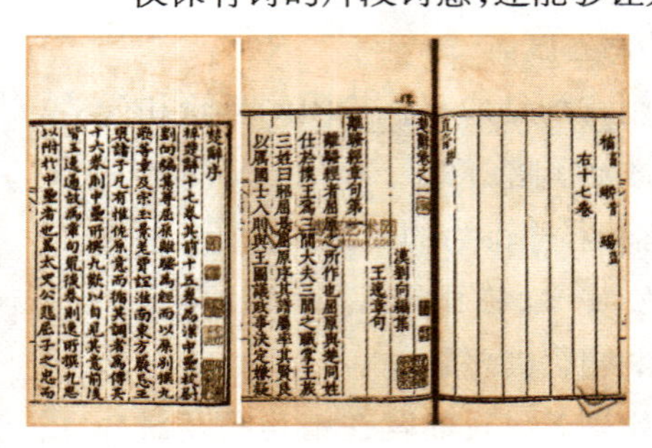

◎ 王逸《楚辞章句》

楚辞中有：斑驳陆离、金相玉质、流金铄石、孤儿寡母、呵壁问天、曲高和寡、心烦意乱、远走高飞、阳春白雪、瞻前顾后、怦然心动、怀瑾握瑜、延年益寿，等等。

汉诗汉赋中有：擘肌分理、按部就班、孤苦伶仃、魂飞魄散、飞禽走兽、恩断义绝、结党连群、风流云散、持筹握算、发聋振聩、龙盘虎踞、惊天动地、千变万化、日薄西山、听天由命、天各一方、望风披靡、亭亭玉立、举手之劳、新陈代谢，等等。

乐府诗集中有：瓜田李下（瓜田不纳履，李下不正冠）、长歌当哭、暴跳如雷、名垂千古、扑朔迷离，等等。

建安文学诗赋中有：出水芙蓉、人亡物在、污泥浊水、壮志凌云、自投罗网、流风回雪、明眸皓齿，等等。

晋人诗赋有：缠绵悱恻、词不达意、倦翼知还、聊胜于无、寥若晨星、赏奇析疑、无奇不有、欣欣向荣、秀色可餐、抑扬顿挫、沿波讨源，等等。

南北朝诗赋也有：悲愤填膺、反复无常、风云变幻、藏龙卧虎、瓜剖豆分、看朱成碧、情不自禁、穷极无聊、依依不舍、饮恨吞声、推波助澜、花朝月夕，等等。

隋唐诗赋也有：经年累月、八面玲珑、百尺竿头、白璧无瑕、别开生面、别有天地、不堪回首、饱经风霜、白云苍狗、残山剩水、沉鱼落雁、愁眉不展、愁肠百结、插翅难飞、大张旗鼓、春风得意、担雪填井、单枪匹马、发人深省、飞黄腾达、风和日丽、风卷残云、炉火纯青、两袖清风、灯红酒绿、火树银花、将勤补拙、风吹雨打、平步青云、平分秋色、奇形怪状、改头换面、隔岸观火、丰衣足食、枯木逢春、青天白日、老态龙钟、锋芒毕露、开门见山、屈指可数、蜻蜓点水、千呼万唤、山高水长、山南海北、盛气凌人、天翻地覆、天旋地转、血雨腥风,等等。

宋代诗词也有:半壁江山、大煞风景、得过且过、风餐露宿、风流人物、冰壶秋月、付之一炬、冰天雪地、河东狮吼、好事多磨、红颜薄命、呼朋引类、花样翻新、机关算尽、柔情蜜意、三言两语、时乖命蹇、首屈一指、万念俱灰、水落石出、随乡入乡、随风转舵、文风不动、万人空巷、降龙伏虎、无病呻吟、心平气和、一帆风顺、无拘无束、眼花缭乱、器宇轩昂、利欲熏心、一刻千金、朝思暮想、纸上谈兵、珠光宝气、遗世独立、一贫如洗、张灯结彩、有口难言,等等。

金元明清的诗词中也有一些:白日做梦、唇枪舌剑、颠鸾倒凤、东奔西走、分门别户、洪福齐天、口角春风、三长两短、通天彻地、无影无踪、招灾惹祸、心慌意乱、七嘴八舌、有口无心、官逼民反、苦口婆心、风雨交加、苦心孤诣、异想天开、百折千回,等等。

以上只是列举了比较常用的一些成语。从这些成语我们看到了一些有趣的规律,比如,唐诗中产生的成语最多。宋诗也很美,却比唐代出现的成语少。为什么呢?这主要因为成语中多律句形式,也就是说律诗中的诗句容易被我们今人记住,从而传成一些比较浓缩的成语。词作中散文的句子比较多,律句就少。宋诗保存的比唐诗多得多,他们有诗人七千多家,存诗有二十多万首,远远超过唐代保存的诗。宋代的诗也有很多律句,但是唐在先,宋在后,宋代的人们“好用典”,所用成语有很多是从唐人来的，他们不幸生在唐以后，写诗比较容易用前人的现成词语。严羽批评黄庭坚和江西诗派是“以文字为诗，以议论为诗，以才学为诗”。这正好是宋人的特点。所谓才学就是引用别人的东西多。

成语有诗的抒情性

抒情性是指这样的一种语言形式，它不同于一般的零度感情的叙述事实，而是要在叙述事实之外加上一种情感认定，就是语言中的感情色彩。18世纪经验主义美学家博克认为美是物体的某些属性。他说：“我们所谓美，是指物体中能引起爱或类似情感的某一性质或某些性质。”成语的诗意，正是体现于它褒贬分明，能引起人们的爱与类似的情感。它有诗的抒情性特点，表达的感情充满诗味。如：

山高水长表示热爱和尊敬。像山一样高耸，如水一般长流。原比喻人的风范或声誉像高山一样永远存在，后比喻恩德深厚。唐代刘禹锡《望赋》：“龙门不见兮，云雾苍苍。乔木何许兮，山高水长。”他是真说山水的。宋代范仲淹《严先生祠堂记》：“云山苍苍，江水泱泱。先生之风，山高水长。”这里用了比喻义，说的是人的风度。

白日做梦表示空洞的幻想，大白天不睡觉就做梦。比喻根本不能实现的幻想。明代豫章醉月子《精选雅笑·送匾》：“以为必中而遍问星相者，亦是白日做梦。”黄粱美梦也是反对空想的。儒家欣赏的是扎扎实实的生活。

揭竿而起表示正义的起义和抗争，砍了树干当武器，举起竹竿挂上旗帜，起义反抗。揭，高举；竿，竹竿，用于挂旗帜。出自汉代贾谊《过秦论》：“斩木为兵，揭竿为旗。”成语中包含有迅疾起事的色彩。

借刀杀人是指斥一种用计杀人的行为，比喻自己不出面，借别人的手去杀死人。这个成语不能说是贬义的，因为它只是说出了一个计谋，至于用于什么对象，只看是什么目的了。《三十六计》："敌已明，友未定，引友杀敌不自出力，以《损》推演。"

纸上谈兵，是形容在纸面上谈论打仗。比喻空谈理论而不能解决实际问题，也比喻空谈不能成为现实。出自《史记·廉颇蔺相如列传》：战国时赵国名将赵奢之子赵括，年轻时学兵法，谈起兵事来父亲也难不倒他。后来他接替廉颇为赵将，在长平之战中，只知道根据兵书办事，不会变通，结果被秦军大败。成语中有对空谈的批评之义。

阴差阳错表示生活中一些完全无奈的情景，比喻由于偶然的因素而造成了差错。出自明代王逵《蠡海集·历数》："阴错阳差，有十二月，盖六十甲子分为四段，自甲子、己卯、甲午、己酉，各得十五辰。……甲子、甲午为阳辰，故有阴错；己卯、己酉为阴辰，故有阳差也。"本来是说的历法，历法是没有办法改变的客观规律。用来比喻人事，也就很好地说明有些事情是无奈的偶然性造成的。

乘风破浪表示有准备也有机遇地做事。船只乘着风势破浪前进。比喻排除困难，奋勇前进。出自《宋书·宗悫传》："悫年少时，炳问其志，悫曰：'愿乘长风破万里浪。'"这个成语指做事顺利和对进取充满激情。

所有这些例证都说明了，成语是最宜于集中表达一种典型性的，或者叫类型性的情感。为了加强情感的表达，成语经常使用夸张、比喻、对比、对偶、叠字等手法。

夸张的成语，为了启发听者或读者的想象力和加强说话力量的手法，用夸大或缩小的词句来形容事物。夸张，古代称为夸饰。南朝梁代刘勰《文心雕龙·夸饰》："文辞所被，夸饰恒存。"使用得当，能"因夸以成状，沿饰而得奇"，甚至"发蕴而飞滞，披瞽而骇聋"。因此，叶燮说夸饰是"情至之语"，说夸张是一种极度宣泄感情，这是很准确的说法。这一类的成语还有很多，如怒发冲冠、千钧一发、一目十行、一日千里、一字千金、一泻千里、一触即发、百发百中、一日三秋、不毛之地、胆大包天、寸步难行、一步登天、惊天动地、雷厉风行。

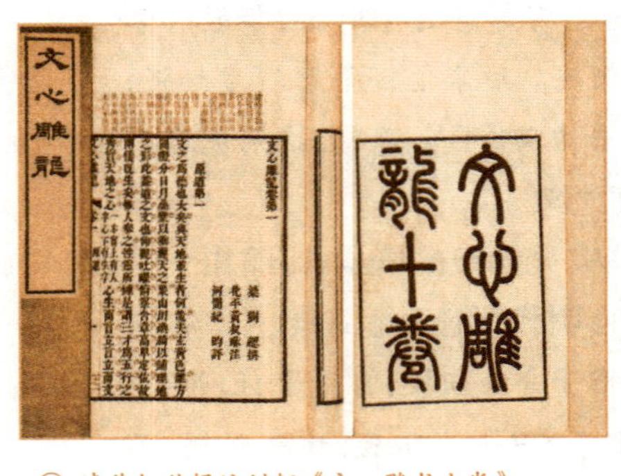

◎ 清黄叔琳辑注刘勰《文心雕龙十卷》

比喻的成语，是对形象意义的感情附加和强调。《墨子·小取》："辟也者，举他物而以明之也。"刘勰《文心雕龙·比兴》："何谓为比？盖写物以附意，飏言以切事者也。"就是以熟悉的形象和语言说明不熟悉的事物和概念。这类成语有：如影随形、一败如水、胆小如鼠、引狼入室、风驰电掣、刀山火海、料事如神、对答如流、挥金如土、铁证如山、度日如年、心急如焚、巧舌如簧、如雷贯耳、如履薄冰、如日中天、势如破竹、稳如泰山、骨瘦如柴、暴跳如雷、红叶似火、高手如林、健步如飞、守口如瓶、栩栩如生、骄阳似火、冷若冰霜、门庭若市、恩重如山、从善如流、观者如云、浩如烟海。

对比的成语，是在语义对立中强调表义的鲜明性。如：生离死别、苦尽甘来、九死一生、大材小用、大智若愚、小题大做、上行下效、无中生有、化险为夷、凶多吉少、出生入死、有名无实、因小失大、克己奉公、扶弱抑强、改邪归正、删繁就简、拨乱反正、居安思危、虎头蛇尾、知彼知己、舍本求末、舍生忘死、前因后果、将信将疑。

对偶的成语，是词素的音韵、词性两两相对，这也是一种特殊的对比。它是汉语独有的语言特点。朱光潜先生曾经说过，西洋语言中，即使内容对称，词句却参差不齐。“意象虽成双成对而声音不能两两对称。比如‘光’和‘瀑’两字在中文里音和义都相对称，而在英文里 light 和 cataract 意虽相对而音却多寡不同不能成对，犹如‘司马相如’不能对‘班固’，虽然它们都是专名。”这类成语有：旧仇新恨、异口同声、异曲同工、阳奉阴违、吐故纳新、优胜劣败、求同存异、声东击西、大同小异、顶天立地、明争暗斗、明枪暗箭、弃暗投明、取长补短、厚今薄古。

叠字的成语，是对叙述内容印象重量的加强。这种情况在下一部分“成语的诗律美”中有较详细介绍。

成语的诗律美

成语的音律是合于诗的要求的，或者说诗歌，特别是格律诗中的音律美是对汉语音乐美的最好开发。我们当然可以说，诗的本质不是音乐感，而是情感的真诚，但是我们没有必要将情感美与音乐美对立起来。

闻一多在《诗的格律》中说过：

游戏的趣味是要在一种规定的格律之内出奇致胜。做诗的趣味也是一样的。假如诗可以不要格律，做诗岂不比下棋，打球，打麻将还容易些吗？难怪这年头儿的新诗“比雨后的春笋还多些”。我知道这些话准有人不愿意听。但是 Bliss Perry 教授的话来得更古板。他说“差不多没有诗人承认他们真正给格律缚束住了，他们乐意戴着脚镣跳舞，并且要戴别个诗人的脚镣”。

…………

◎ 闻一多

诗的所以能激发情感，完全在它的节奏；节奏便是格律。莎士比亚的诗剧里往往遇见情绪紧张到万分的时候，便用韵语来描写。葛德作《浮士德》也曾用同类的手段，在他致席勒的信里并且提到了这一层。韩昌黎“得窄韵则不复傍出，而因难见巧，愈险愈奇……”这样看来，恐怕越有魄力的作家，越是要戴着脚镣跳舞才跳得痛快，跳得好。

闻一多肯定了诗讲究音韵格律的必要性。他主张旧诗与新体诗都要讲究格律。他的“戴枷而舞”的理论是有根据的。他还认为中国的文字特点就是容易讲究格律，这并不是一件很难的事情。我们说的成语里有诗，不是说成语就等于诗，而是说语言的自然状态中就有着诗的因素。

成语之所以能够让人容易记住，引起人们的喜欢，除了内容上的凝练以外，语言的音乐性是很重要的。音乐性应该包括音韵美和格律美，以达到音节整齐、声调和谐、声韵自然。正如清代刘大櫆在《论文偶记》中所说：“积字成句，积句成章，积章成篇，合而读之，音节见矣；歌而咏之，神气出矣。”

平仄，汉语语言是有自然的平仄声的语言，这也是与许多民族的语言不同的。研究和学习汉语重视这一点特别必要。

因为汉语是以象形为基础的文字，象形文字必然是一形多义的，这种多义就需要用声调将词语分别开来。成语在形成过程中，是经过了字音的许多调整之后才定型下来的。应用成语，注意到平仄，不仅能让文章流畅优美，在作诗时还能够信手拈来，构成律句，出奇制胜。

双声词，就是一个双音节词中两个字的汉语拼音的声母相同，也就是同声母的字，就可以构成双声词。如澎湃、褒贬、参差、唐突，都是双声词。叠韵词，现代汉语拼音中韵母相同的字构成的词，也就是同韵母的字可以构成叠韵。叠词，指相同的词、语素或音节重叠使用。

有双声的成语：

发愤忘食　高歌猛进　聚精会神　利令智昏　淋漓尽致
秣马厉兵　八面玲珑　奋起直追　感恩戴德　感人肺腑
牛鬼蛇神　逆来顺受　琳琅满目　斑驳陆离　雄心壮志

有叠韵的成语：

乘风破浪　从容不迫　触目惊心　轩然大波　鹏程万里
精明强干　形影相吊　虚无缥缈　魑魅魍魉　分崩离析
含辛茹苦　欢欣鼓舞　销声匿迹　道貌岸然　孤苦伶仃

叠词构成的成语有以下几种形式。

(1) AABB 型：

烈烈轰轰　林林总总　落落穆穆　马马虎虎　明明赫赫

(2) AABC 型：

鼎鼎大名　多多益善　恩恩相报　愤愤不平　格格不入

(3) ABAC 型：

不骄不躁　慢言慢语　亦文亦武　好声好气　慌手慌脚

(4) ABCA 型：

床上安床　防不胜防　冠上加冠　国将不国　话里有话

(5) ABCB 型：

不用之用　求仁得仁　种瓜得瓜　好说歹说　说嘴打嘴

(6) ABCC 型：

风尘仆仆　负债累累　含情脉脉　风度翩翩　大腹便便

第五节　义理浩无涯，经纶孰知要
——成语的多义性

几乎所有的古代哲学家对话语中的那些非常规因素都有敏感的兴趣，这是为了使人类的言说得到保护而不受错误语义的侵害。比如柏拉图和亚里士多德在讨论某一个重要课题的时候，通常总是先要考察与本课题相关的语词在当下语汇中都有哪些流行用法。因为他们发现，即使是普通语词，在流行的语言中多半有很多不同的意义。他们先是将这些不同意义仔细找到并且一一把这些意义列举出来，在这样的系列中寻求语词的定义，或者建构语义的定义。目的是借此减少人们在表达或交流中被那些不得不用的话语中潜藏着的模棱不清所干扰。他们当然知道完全消除语言的模棱不清不但不可能，也没有必要。同一个词语，在众多意义上加以使用，而且区别情况，这是语言的真正技巧。因此，我们在理解和使用成语的时候，必须能够做到，在有些情况下最好在明晰的意义上使用成语，也懂得在另一些话语语境中一个语词表达一系列意义。我们要明确这样的语言多义性，了解这也是语言的魅力所在。

东施效颦，这是个很发人深思的成语。西施是中国历史上的美女，是春秋时期越国人，她可能是有胃病，人称胸口疼。犯病时手按着胸口，皱着眉头，可是风姿比平时更美丽别致。东施学着西施的样子也按着胸口，皱着眉头，却不美，更加丑了。这里至少告诉给我们：

有美气质的人，无所不美；

美是外表，也是一种气质，不能简单地模仿；

好学是对的，但是你得知道应该学什么，不学什么；

模仿别人是不容易的，常常会学了短处、丢了长处。

在书法和绘画界，许多有成绩的人都说过“学我者活，像我者死”这类的话，就是这个道理。于是我们有那么多的人学习书法、绘画、唱歌、跳舞，一味模仿而并没有成绩可言，原因就在此。

守株待兔，是个从寓言凝结成的成语。《韩非子·五蠹》记载：“宋人有耕田者。田中有株，兔走触株，折颈而死。因释其耒而守株，冀复得兔。兔不可复得，而身为宋国笑。”说的是宋国有一个农民，正在地里干活，突然一只野兔从草丛中蹿出来。因见人而受了惊吓，它拼命地奔跑，不料一下子撞到农夫地头的一截树桩上，脖子折断死了。农夫放下手中农活，捡起死兔子，同时庆幸自己的好运气。从此，农夫照旧到地里却不再干活，只希望不断地有野兔撞死在树桩上，却总是失望，他再也没有捡到第二只野兔。农田里的苗却枯萎了。农夫不能不为宋国人耻笑。

在生活中这样的人也许是很少的。不但捡到兔子的人少，偶尔捡到兔子因此而不再耕田的人更少。韩非子是讲寓言。一般来说，我们概括寓言的寓意时就这么说：比喻死守狭隘经验，不知变通；或抱着侥幸心理妄想不劳而获。那好，我们理解这则寓言正好犯了“**死守狭隘经验，不知变通**”的错误。让我们来研究一下。

笔者认为有个问题值得思考，守株待兔，作为一个成语也好，或者一个寓言也好，这个宋国人犯了什么错误？我们总是习惯于前人已有的定论，把那一套道德评价体系说得至高无上，却没有从科学思维上想过。

守株待兔这一成语主要揭示的是“或然”与“必然”的关系，是两者之间的判断问题。如果仅仅从做事的相关逻辑上讲，这个宋国农民没有什么大错误。明明是在这个树桩下捡到的兔子，这个事实就表明这里确有撞死的兔子。问题在于，田野中奔跑的兔子究竟有多大的比例、多大的概率撞死在树桩下。我们不能把偶然出现的事情都当作必然的事情指导自己的行为。一般讲或然的事情，不一定是必然的。

如此说来，一个成语的含义并不是单一的。这也可以叫“**形象大于思想**”。作为形象的文学和形象的语言总具有多义性。即以守株待兔这个成语来说，我们可以试着从若干方面解释：

从兔子来说：不能跑得太快，那样很危险；

从人来说：人不是总倒霉，说不定有你走运的时候；

从机遇来说：有了好机遇你抓住了，但是不可太奢望；

从哲理来说：或然的事情可不能当成必然，不然你会变得懒惰。

刻舟求剑，源于《吕氏春秋·察今》：“**楚人有涉江者，其剑自舟中坠于水，遽契其舟，曰：‘是吾剑之所从坠。’舟止，从其所契者入水求之。舟已行矣，而剑不行，求剑若此，不亦惑乎！**”一般评论说，这个故事告诉我们：世界上的事物，总是在不断地发展变化，人们想问题，办事情，都应当考虑到这种变化，适合这种变化的需要。

可是我们也可以想一下，刻舟的人犯了什么错误，或者说，这个故事有什么更深刻的科学意义。笔者认为，这是我们中国人最早的相对运动论。那个失剑的刻舟者认为，为了记住坠剑的位置，做标记是个好办法，他也懂得应该在相对静止的物体上做标记。他却不明白，船对于人是静止的，水对于船来说却是运动的。结果他把标记做到了相对于水而运动的船上，那怎么能够有效呢？

香象渡河，是一个不太通俗的成语。但是在中国古代，诗学中经常使用。它源自佛经《优婆塞戒经·三种菩提品》：“如恒河水，三兽俱渡，兔、马、香象。兔不到底，浮水而过；马或至底，或不至底；象则尽底。恒河水者，即是十二因缘河也。声闻渡河，犹如彼兔；缘觉渡时，犹如彼马；如来渡时，犹如香象。是故如来得名为佛。”

这一段佛经讲的是佛教经义。用了三种动物渡水过河来作比方，讲怎样才能成佛。兔、马、象三种动物过河的情景和方式是不一样的。兔子从水面浮过河。其实马也是从水面浮过河的，只是它的形体太大，不可能全浮在水面上，只能露背，身体的大部分是没入水中的，所以给人的印象是“或至底，或不至底”。大象的体重很大，而且它可以将象鼻子高高地举出水面，呼吸不成问题，所以它过河就是踩着河底走过去。从动物的习惯来说，这没有什么义理可说，但是在佛经里用于说明对佛教的领悟程度不同，成佛的品位就有了等差。以兔的浮水表示肤浅，对佛法的领悟只是皮毛，是小乘证道。以马的半入水表示所悟不深，只能得到佛法的骨肉，是中乘证道。只有如来好像香象的四脚踏着河底过河，是真正的脚踏实地，实实在在；用身体彻底截流，没有任何的凝滞和阻碍。因而只有他得到了佛法精髓，是真正的大乘证道。所以最终只有他修炼成佛。

这一寓言式的比喻在中国诗学中常常被用来说明诗词写得精辟、透彻、有现实精神。宋代严羽的《沧浪诗话》里有：

李杜二公，正不当优劣。太白有一二妙处，子美不能道；子美有一二妙处，太白不能作。子美不能为太白之飘逸，太白不能为子美之沉郁。太白《梦游天姥吟》《远离别》等，子美不能道；子美《北征》《兵车行》《垂老别》等，太白不能作。论诗以李杜为准，挟天子以令诸侯也。少陵诗法如孙吴，太白诗法如李广。少陵如节制之师。少陵诗，宪章汉魏，而取材于六朝；至其自得之妙，则前辈所谓集大成者也。观太白诗者，要识真太白处。太白天才豪逸，语多卒然而成者。学者于每篇中，要识其安身立命处可也。太白发句，谓之开门见山。李杜数公，如金鳷擘海，香象渡河。下视郊岛辈，直虫吟草间耳。

这一段精彩的论述比较了李白和杜甫的创作风格不同，澄清了“李杜优劣”之争。从诗的构思来说，李白的豪放飘逸，诗句“卒然而成”“开门见山”，而杜甫则实实在在，“语不惊人死不休”，如“香象渡河”。严羽没有论孰高孰低，而是从风格和方法上论定二位大诗人，是很有见地的。特别是他能够用佛教中的成语概念来解释诗人，后世传为佳话。

另外，人们也用这个成语来说明人做事应该扎扎实实，脚踏实地，才会不断地进步。写文章也应该言之有物，避免空洞肤浅。由于成语的来源有一个佛学的根基，含义丰富，多义而有趣，我们在使用时往往不容易把握那么多的义项，也是一件可惜的事。一个成语包容的内容太多，我们使用时就得明确其中的丰富含义，可是实际上这样的要求是过高的。一般使用语言的人，大多不明白成语的丰富性，也不懂这种语言空间包含了多少文化信息。好像方便面，拿来就泡，就吃，吃过也就完了。做方便食品谁去管它有多少营养，谁去管它怎么做成的呢？

近读余惕君先生的新著《成语禅解》，他提醒我们："成语，是正被人们广泛习用的固定词组，所指大都是一种约定俗成的确定转义。但，确定并非就是确切。成语也是不同社会主流价值观的缩影，有其时代局限。由于历史的诸多原因，不少成语常被人曲解，以致讹传。因此，也须'时时勤拂拭，莫使惹尘埃'。"成语不一定就只有它"约定俗成"的那一种意思，在解读成语的时候，你可以从自己的人生体验、心灵感悟去做一己的延伸。他在序言中引用《维摩经》中的话说："佛以一音演说法，众生随类各得解。"众生可以从自己的角度去理解成语，看待成语，创造性地使用成语。在余先生的"禅眼"观照之下，听话听音、说一不二、一视同仁、经久不息、忍无可忍等一百八十八个成语都有了迥乎不同的意思，呈现出全新的气质和面貌。

他说，我们可以从禅的角度解读成语。如听话听音，他解释："俗话说，锣鼓听声，听话听音。所谓听音，就是要听人家话里的弦外之音。""同样一句话，人家是喜欢，还是恼怒，其实不是这一句话，而是这一句话的弦外音。更确切地说，是我们自己对这句话的诠释，左右了自己的心情。同样是唠叨，可听出是数落，也可听出是关心。"因此，他概括了："听话要有艺术，艺术水准由浅入深。第一层次为听而不闻，一只耳朵进，一只耳朵出；第二层次为敷衍了事，心不在焉，有耳无心；第三层次为有选择的听，合意者留下，不合意者消音；第四层次为专注的听，务求明白，认真倾听；第五层次为力求感同身受的听，站在对方的立场，努力走进对方内心。高超的听话，要努力做到耳到、口到、眼到、心到。”

再比如知无不言。我们理解是把所知道的事毫无保留地说出来。余先生说，为什么“不言”？是因为悟到了“空”，知道了“无”。诚如庄子所言：“天地有大美而不言，四时有明法而不议，万物有成理而不说。”大道至简，返朴归真。知道有一个“无”，所以就不言，是一种高贵的沉默。故而，佛门也常教人“少说一句话，多念一声佛”。佛祖灵山拈花，迦叶破颜为笑，知“无”不言，心心相印，终得如来真传；达摩嵩山修道，知“无”不言，十年面壁，终成禅宗大义；维摩居士悟法，知“无”不言，一默一声雷，深得文殊赞许。这说得很好。

佛教中有“不可思议”一说，所谓“不可思，不可议”，那也是知“无”不言。之所以“知无不言”，是因为如果说“无”，“无”是说不尽的，因为“无中生有”。所有的“有”都是从“无”中产生的，因此这又叫：言“无”不尽。

再比如以己度人。一般解释为：以自己的心思去猜度他人。余先生觉得“以己度人”中的“度”并非一定就是“猜度”，也可以解为“超度”，普度众生的“度”，或用现代语来说就是“帮助”。因此，可把以己度人理解为：以自己的能力和觉悟去帮助他人。

人的觉悟分三个层次：自觉、觉他与圆觉。自觉是独善其身，觉他是自觉觉人，圆觉是普度众生。自觉是基础，觉他是行动，圆觉是善果。佛经中有小乘声闻（声闻即听到佛法后而开悟），是自了汉，是出世者，他们独善其身；也有大乘声闻，那就是自在的菩萨，他们在听闻佛法之后，就能自觉觉他、自利利人，自己悟道解脱之后，帮助其他人也能悟道解脱。

一个人若能完善自己，时时使自己快乐，那是美德；一个人若能善待他人，让周边的亲朋好友都快乐，那是积德；一个人若能处处慈悲喜舍，施大爱使众生都快乐，那是功德。因众生无限，功德也就是无量的，因此又叫：无量功德。

这样理解成语，可谓别开生面，凤凰卫视"读报人"杨锦麟先生的评议是："纯粹以训诂学角度来评价，或会引起很多学术范畴的争论。但作者早已声明，只是一家之言。殊为难得者，其实就是原创和一家之言。一家之言，言之有物，言之有据。字里行间透射出来的是对人生的感悟和参透，这种用心的感悟，不是一般人可以轻易达到的境界。余惕君做到了，这就叫知行合一，就是'心悟'。"这真是趣味无穷了！

第六节 窘步同行乐，道文互屡看
——成语的互文性

先说什么是互文。汉语语言的互文性，从理论上说，是指在彼此相对的文句中，前后词语相互呼应，在意义上相互补充，从而使语言更加简洁精练的遣词造句的方法。就是上文包含着下文里出现的词语，下文包含着上文里出现的词语，这样彼此包蕴渗透、相互呼应、相互补充、参互成文的语言现象，称为"互文见义""互辞""互言""互义""互文相备"，简称互文。在刘勰的《文心雕龙·隐秀》中称为"互体"。在乐府诗北朝民歌《木兰诗》中"东市买骏马，西市买鞍鞯，南市买辔头，北市买长鞭"，"将军百战死，壮士十年归"，"开我东阁门，坐我西阁床”,“雄兔脚扑朔,雌兔眼迷离”都是互文。以唐诗中白居易的《琵琶行》为例,“主人下马客在船”,上半句省了“在船”,下半句省了“下马”,全句的意思是说:主人下马(客人也下马)客人在船(主人也在船)。王昌龄《出塞》中“秦时明月汉时关”,是说秦时的明月和秦时的关,汉时的明月和汉时的关。杜牧《泊秦淮》中“烟笼寒水月笼沙”,杜甫《客至》中“花径不曾缘客扫,蓬门今始为君开”也都是互文。刘禹锡《陋室铭》中“谈笑有鸿儒,往来无白丁”也是互文。

这无非是一种简省的语言格式,其实一点也不神秘。“你死我活”这个成语就是用了这种方法。其中的“你”中含有“我”,“我”中含有“你”;“死”中含有“活”,“活”中含有“死”。这个词语是这样演变过来的:不是你死就是我死,不是我活就是你活,你死我活。我们口语中就经常使用互文。如俗语“张家长李家短”,不是张家只有长,而李家只有短,而是说张家的长短、李家的长短,也就是别人家的长长短短、是是非非的事情。“大的哭,小的喊”,不是表明大孩子在哭、小孩子在喊,而是大小孩子都在哭喊着。

互文也常见于汉语成语中。有以下几种形式:

第一种:“主谓 + 主谓”的形式,如莺歌燕舞、峰回路转、鬼使神差、龙腾虎跃、珠联璧合、拳打脚踢、手舞足蹈、山呼海啸、天打雷劈、兵连祸结、鸡吵鹅斗等。形式都是两个主语加动词谓语的并列结构。主语相关到两个动词。

也有“主语 + 形容词谓语”形式。如山清水秀、风调雨顺、人困马乏、兵荒马乱、心狠手辣、人寿年丰、桃红柳绿,这是两个名词主语加上形容词谓语并列。两个主语相关到两个形容词。

第二种:“动宾 + 动宾”形式,每个成语都有两个动词和两个宾语。两个动词各带宾语，分别跟另一个宾语发生支配关系。例如：排难解纷、避实就虚、藏头露尾、瞻前顾后、调兵遣将、安邦定国、审时度势、披星戴月、吞云吐雾、呼朋引类等，两个动词共用两个宾语，宾语是名词，形成互文。即以“藏头露尾”而言，并不是将头藏起来，结果露出了尾巴，而是：藏起了这部分，露出了那部分。“披星戴月”其实就是表达披戴着星星、月亮，是夜行的意思。

“动宾 + 动宾”形式中的宾语也有用形容词的，如挑肥拣瘦、披红挂绿、去粗取精、擒奸讨暴、欺软怕硬等。两个动词共用两个宾语，宾语是形容词，形成互文。

第三种：“偏正 + 偏正”的形式，两个偏正结构并列而成互文。有的是两个“定语 + 名词”，如金科玉律、狼心狗肺、真才实学、红男绿女、青山绿水、精兵强将、花拳绣腿等，都是两个定语共用两个名词。

也有由两个状语 + 两个动词组成的互文，如冷嘲热讽、轻描淡写、精雕细刻、深谋远虑、精打细算、软磨硬抗等，都是两个形容词共用两个动词。这样两个状语就双关了两个动词，简约而生动。即以“冷嘲热讽”为例，不是说嘲弄是冷的，讽刺是热的，其实就是冷一句、热一句地进行嘲讽。

互文的形式还有很多，理解这样的成语就必须注意那些“共用成分”的相关性。了解这些知识的好处是：一来增加语言的魅力，以提高文学兴趣；二来也能帮助我们从科学的意义上了解语言结构，从而正确使用成语。

如清华大学的校名就是从“水木清华”成语中取出了两字“清华”为校名。“水木清华”就是“水清木华”。清华大学原址为清代的皇家园林“清华园”，为清康熙年间所建的熙春园的一部分。道光年间，熙春园被分成东西两个园子：西边的园是“近春园”，东边的园是“熙春园”。咸丰登极之后，就将东边的熙春园改名为“清华园”，御笔题写了“清华园”三字。至今清华园的工字厅后面的匾额上还有“水木清华”四字，两旁的对联很讲究：

◎ 水木清华

槛外山光历春夏秋冬万千变幻都非凡境；

窗中云影任东西南北去来澹荡洵是仙居。

这“水木清华”四字也有典可查，出自晋代谢叔源的《游西池》诗，“景昃鸣禽集，水木湛清华”。这“湛”为澄清之意。因工字厅后有池，故有谢氏诗句，题为“水木清华”。这个校名既能够表明园林的清幽美丽，又堪比人才如花木葱茏，蓊蓊郁郁。

第七节 古镜铭文浅，神方谜语多
——成语中有谜语

在民间，为了记住一些成语，人们创造性地编出成语谜语，也是个有趣的创造。例如：

泵（打一成语）。谜底成语：水落石出。

扰（打一成语）。谜底成语：半推半就。

黯(打一成语)。谜底成语:有声有色。

十(打一成语)。谜底成语:纵横交错。

咄(打一成语)。谜底成语:脱口而出。

票(打一成语)。谜底成语:闻风而起。

胜境(打一成语)。谜底成语:不败之地。

雨披(打一成语)。谜底成语:一衣带水。

初一(打一成语)。谜底成语:日新月异。

齐唱(打一成语)。谜底成语:异口同声。

卧倒(打一成语)。谜底成语:五体投地。

无底洞(打一成语)。谜底成语:深不可测。

脱粒机(打一成语)。谜底成语:吞吞吐吐。

农产品(打一成语)。谜底成语:土生土长。

跷跷板(打一成语)。谜底成语:此起彼伏。

四通八达(打一成语)。谜底成语:头头是道。

种豆南山下,日月半天挂,打柴不见木,王里是一家。(打一成语)谜底成语:岂有此理。

虫入凤巢飞去鸟,二人头上顶棵草,大雪下在横山上,半个朋友不见了。(打一成语)谜底成语:风花雪月。

第五章

正确使用成语

成语是极致的语言材料，但是，好的材料如果使用不当不一定就能够发挥好的作用。成语的错用是个很大的问题。培根说，语言似乎有一种邪魔力量。他写道："错误用语和不当用语对心智会造成奇特的阻碍。饱学之士往往借助定义和说明来加以防范，但仍不能完全消除这种阻碍，语词照旧表现出对理解的强制力量，造成一团混淆，把人类抛进无数空洞的纷争和悖理。"洛克也说："暧昧含糊的说法，同牵强附会的言词，久已被人认为是科学底神秘所在；而且生僻讹用全无意义的文字，好像又因为沿用已久，赋有特权，应被人认为是博学深思的表现。因此，我们很不容易使说者和听者都相信，那些文字只足以掩饰愚陋、阻碍真知。因此，我想，要单刀直入，把虚荣和无明底神龛打破，那一定对于人类的理解，是一种功劳。人们自然不易相信自己在用文字时，自己欺骗了人，或被人所欺骗；他们自然不容易相信，他们宗派中所用的文字，含着任何错误，应当加以考察、加以修正。"这些话虽然很重要，但是却没有人真正地注意起来。语言只有在规范的意义上才能成为一种工具。

现代语言研究重视语义，从而建立了一门新学科，称为"语义学"。《西方大观念》云："我们的时代对语言问题有活跃的兴趣。这部分是由于近世对形形色色的人类语言展开了历史研究和比较研究，并形成了科学的表述方式来探索所有语言所共有的起源、结构和变化。但这也部分由于诞生了通常被称作'语义学'的学科。这门学科声称它发现了语言这一表达形式的诸种性质，尤其是声称它发现了语言的限度。语义学有时走得很远，甚至声称人类的许多毛病正来自对语言的误用。据认为，语义学的新鲜之处‘既在于诊断这些毛病，也在于它所提供的治疗方案’。”

第一节 金屑眼中翳，衣珠法上尘
——语义原意，不可不究

不明白成语的原意，想当然地凭感觉使用成语，是我们错用成语的一个原因。汉语成语大都是一个信息，它有个来源，有个典故，我们要先对这一信息有所了解才好。

在网上见到一个有趣的材料，《外国留学生“解构成语”引起观众捧腹》，说一些外国人不懂得中国成语的特别含义，按自己的理解和印象加以解释，出了不少笑话。比如，说“七上八下”，是“差不多（七和八相差无几）”的意思；“对牛弹琴”，是“不可能（牛怎么懂琴语?）”的意思；“对症下药”是“生病的时候吃药就好了”的意思；“狐假虎威”被解释成“狐狸没有权威，老虎有权威”；“白头偕老”被解释成“一个老爷爷的头发很白，所以很老”。在解读“福如东海”的意思时说：东海乃中国的东边，那里很发达很有钱，“福如东海”应该是像中国的东部沿海那样有钱。在解读“虎头蛇尾”的意思时也蛮搞笑：“老虎的头，蛇的尾巴。有的人是领导，是虎头；有的人是普通人，是蛇尾。”我们没有必要嘲笑这些外国朋友，他们理解中国成语是有困难的，这种困难在中国人中同样存在。

因为成语就是一种特别的语言形式，一般讲，成语是一个故事和概念的符号，不能凭字面的意思来理解。

比如居心叵测，是说人的存心不良，居心十分险恶，那不良的程度难以想象。叵：是“不可”的意思，其实就是从“不可”的声音相切生成的词。很有意思的是：“叵”是“可”的镜像字，用镜子一照，“可”就成了“叵”。有点像“不用”和“甭”以及“机灵”和“精”的关系。这是汉语口语的变异，是不太古的语言，见于林则徐《使粤奏稿》：“且其居心叵测，反复靡常。”将成语译一下就是：居心险恶不可测。有人在使用的时候加上“不可”，变成了“居心不可叵测”，那就错了，错成了完全相反的意思。那就是“不可不可测”，就是“可测”了，他的险恶用心都能够猜得出来。

还有一个大家都在错用的“煞有介事”，几乎是将错就错了。其实应该是“像煞有介事”，原是江浙一带的方言，后来泛用了。指装模作样，就是“特别像有那么回事一样”。多指大模大样，好像很了不起的样子。沙汀小说《替身》：“现在是在制裁饭后烟，……保长一只脚踏上板凳的一端，像煞有介事地抽吸起来。”他虽然是四川人，并没有用错。我们时下流行的用法里全丢了“像”，有一本小说就叫“煞有介事”，真是不伦不类的话。因为“像煞”两个字是不能分开的。北方人说俗了就是“像死了”，特别像。所以“煞有介事”就不通了，还不如说“像有介事”好。

报上有一篇文章这样写道：“两个订货会都越来越显得煞有介事，我于是也煞有介事地疏离，同样地，其间也有无数的饭局邀请，同样地煞有介事，你愿意去的话，大可以 7 天之内吃上 40 顿。”连用了三次煞有介事，可惜都没有用对。我们这里说错了，是从语言的科学化上说的，至于将来是不是就这样糊里糊涂地用下去，那就得听语言的立法了。

这又让我们想起了鲁迅曾经挑过当年女师大校长杨荫榆的一个错。杨荫榆发表在1925年5月20日《晨报》上的文章《对于暴烈学生之感言》中，把成语“杞人忧天”掉弄为“杞天之虑”，成了不通的文言语句：“若夫拉杂谰言，龉龁笔舌，与此曹子勃谿相向，憎口纵极鼓簧，自待不宜过薄。……梦中多曹社之谋，心上有杞天之虑；然而人纪一日犹存，公理百年俱在。”别的不说，她的文章写得可是真不好。杞人忧天，原出自《列子·天瑞》：“杞国有人忧天地崩坠，身亡所寄，废寝食者。”杞国这个人平白无故地忧天将坠落，因此不吃不睡。后来就有了成语“杞人忧天”和“杞天之忧”，也简说成“杞忧”。总而言之，是“忧”而不是“虑”。忧，是担心；虑，是思考。一个大学校长出了语言常识错误，有点不应该。但是鲁迅的用意是意在言外的。

牛溲马勃，是一个人们容易望文生义的成语。牛溲，并不是牛尿，而是一种叫“狗尿台”的菌类植物，不能食用，但能入中药；马勃，也是一种菌类，也不能食用，亦可入药。把“牛溲马勃”解释成：比喻一般人认为无用的东西，在懂得其性能的人手里可成为有用的物品。这也不对。应该直解为：一般廉价无用的东西。唐代韩愈《进学解》：“玉札丹砂，赤箭青芝，牛溲马勃，败鼓之皮，俱收并蓄，待用无遗者，医师之良也。”明代王世贞《与樊侍御书》：“某不佞，闻古有助于人者，牛溲马勃亦不却也。”他们都没有用错。

下面一些例子，都是经常用错的：

目无全牛，语出《庄子·养生主》：“始臣之解牛之时，所见无非牛者；三年之后，未尝见全牛也。”比喻技术熟练到了得心应手、极度纯熟的境地。易误作缺乏整体观念。

首当其冲，语出《汉书·五行志下》："郑当其冲，不能修德。"比喻最先受到攻击或遭遇灾害。经常被误用为冲锋在前。

望其项背，语出清代汪琬《与周处士书》："言论之超卓雄伟，真有与诗书六艺相表里者，非后世能文章家所得望其肩项也。"能够望见别人的颈项和背脊，表示赶得上或比得上。多用于否定式，如难以望其项背、不能望其项背等。现在有人用"只能望其项背"表示"赶不上"，是错误的。

炙手可热，出于杜甫《丽人行》："炙手可热势绝伦，慎莫近前丞相嗔。"比喻权势大、气焰盛，使人不敢接近。经常被误用来形容一切"吃香"的事物，完全背离原义。

奉为圭臬，语出清代钱大昕《六书音韵表五卷·序》："此书出，将使海内说经之家奉为圭臬，而因文字音声以求训诂古义之兴有日矣，讵独以存古音而已哉。"把某些事物、言论奉为准则。圭臬，比喻准则。现在常被误用来表示将某人奉为某领域的创始人或先行者。

一字千金，用于称书面文字精确无误，或者字字重要。原典是指秦国的宰相吕不韦组织门客编纂《吕氏春秋》，书成后，"稿本"挂在咸阳的城门上，声称有能增删一字者赏给千金。也许是这书编得好，也许是人们不关心此事，也许是畏惧吕不韦的权势，竟然没人敢来试一试能否领到"奖金"。这就留下了"一字千金"的成语。所以，这个成语不能用于指口头语。

石破天惊，出于李贺诗《李凭箜篌引》："女娲炼石补天处，石破天惊逗秋雨。"比喻文章议论新奇惊人。现在常被误用来形容得到的惊人消息。

第二节 诸儒主褒贬，毫发未容讹
——语义褒贬，不可不分

成语的使用是为了加强语言的感情色彩。成语的语义，除了本身的基本意义之外，还附加了喜爱或者憎恶的感情。表示喜爱的，通常说它含有褒义；表示憎恶的，通常说它含有贬义。二者不可误用，不能将褒义用为贬义，也不能相反。

例如空穴来风，是正面的例子，用于反面了。出于宋玉《风赋》："臣闻于师：'枳句来巢，空穴来风。'"因有空穴才有来风，既能来风必有空穴，指传闻有一定根据。经常被误用来表示毫无根据的事情。

例如，一个巴掌拍不响，从字面上看是说事情的发生不是由于单方面引起来的，说的是一件事的发生不仅仅是一个人的问题，双方都应该承担责任，有各打五十大板的意思。这时如果用了"孤掌难鸣"就不恰当了。孤掌难鸣指的是一个人的力量很单薄，很难做成事。前者有负面的责备，后者有正面的遗憾，这两个词的感情色彩是有不同的。再如，擢发难数，就是含有贬义的。一般是指某人所犯的罪恶之多，原作者采取了夸张的手法。不能单纯地把它当作"不胜枚举"。

不孚众望，不能使大家信服，未符合大家的期望。贬义。孚：信服。现在常被误用来形容不辜负大家的期望，恰如不负众望，实际上意思正好相反。几乎就没有用对的。

但是词的褒贬义是有变化的，我们现在说一个女人娇艳大概不是好词，在古代那就是美丽的意思，没有什么不好。桃之夭夭就是桃花开得特别美丽。再如“闭门造车”一词出于宋代朱熹《四书或问》：“古语所谓‘闭门造车，出门合辙’，盖言其法之同。”古代的车，自秦“车同轨”以来，两轮之间的尺寸是固定的，只要按同一规格，关起门来制造车辆，使用时也能和路上的车辙完全吻合。这个成语，后人在使用过程中越来越用于反义。比喻不问客观实际，不进行调查研究，只凭主观想象处理问题，关起门来造车。“做工作要调查研究，深入实践，不是闭门造车，自作聪明。”其实我们造车的人都是在屋子里、厂房里造，合格与否主要看尺寸规格，不必一定到道路上造。

再如寄人篱下，出于《南齐书·张融传》：“丈夫当删《诗》《书》，制《礼》《乐》，何至因循寄人篱下。”这是说文章著述当独立思考，自创一格。寄人篱下，比喻没有自己的创造，依傍他人的成果。

这个张融是个有独创精神的人。南齐太祖萧道成在当皇帝之前，就很欣赏张融的才学和品格。张融生性怪僻，举止奇特。但身材矮小，面貌丑陋，走路喜欢昂首挺胸，旁若无人。他能言善辩，讲话幽默。有一次，张融请假回乡，萧道成问他家住在哪里。张融回答说：“我住在陆地但不是房屋里，住在船上但不是水上。”萧道成不明白这是怎么一回事，就问张融的亲戚张绪。张绪告诉皇上：“张融家住在东山附近，没有固定的住处。暂且将一只小船牵上岸边，全家人住在里面。”萧道成听了哈哈大笑。还有一次，萧道成曾当面答应授任张融为司徒长史，然而却很长时间没有正式下诏书。一天，张融骑着一匹瘦得可怜的马上下朝。萧道成看见了就问他：“你的这匹马怎么这么瘦啊？你每天给它多少饲料？”张融回答说：“我答应喂它一石粟，可是我并没有真的喂给它啊！”萧道成明白了张融的意思，随即正式下诏授任张融为司徒长史。

张融就是这样的一个人。有一次，萧道成与张融探讨书法。萧道成说：“你的书法已经颇有骨力，但还缺少二王的法度。”张融答：“陛下不应该说我缺少二王的法度，应该说二王缺少我的法度。”这就是他强调个性。在写文章方面，张融也主张要有独创性和自己的风格。这样的精神无疑是可贵的。

清代薛雪《一瓢诗话》中也是这样用的：“**若一步一趋，描写古人，已属寄人篱下。**”这一成语后来多用以比喻依附别人，不能独立。如周而复《上海的早晨》：“**他在工商界老是寄人篱下，是不甘心的。**”萧乾写过一本小说，书名就叫“篱下集”，也是用了现代的语义。比较起来，原先的意义是贬义的。而现在的意思，却不一定是贬义，语义中大有同情不幸的成分。古今异义的成语，我们还可以举出一些，这里就不再赘述。

其实词的褒贬义是说它的本义，到了使用的时候就千变万化了。比如说在幽默时，或者自谦时，常会有褒贬义换用。比如自不量力，是贬义，但是我们可以在接受一件很重要的工作，并且完成得很好时，谦虚一点说：“当初我是有些自不量力，接下这么重的任务。”常见的其他谦辞有不情之请、雕虫小技、贻笑大方、千虑一得、抛砖引玉、问道于盲、敝帚自珍、管窥之见、挂一漏万、略知皮毛、力薄才疏、马齿徒增、一孔之见、凡桃俗李等；贬义的成语表自谦，如滥竽充数、管窥蠡测、东涂西抹、信笔涂鸦等，显得很大度。

第三节 为世立范围，正色斥诐淫
——语义范围，不可失当

不知道词的表意程度，而随便拿成语来挥霍，这样的事情数见不鲜。

如“日理万机”这个成语，旧时代只用于皇帝、国君这样的地位极高的人物，意思是每天处理很多国家机要大事。现在也有人用于最高层的领导，说他们日理万机，也未尝不可。但是如果用于其他干部，就显得大词小用了。除非是开个玩笑，普通的人也可以幽默一下，那是另外一回事。

总觉得如今的语言权威并不是语言学家，而是媒体和主持人。电视名主持人最喜欢用的成语，有一些是错的。如美轮美奂，用得最滥，也用得不对。夸赞美味佳肴，是美轮美奂；夸奖舞蹈，也是美轮美奂；夸赞服饰，还是美轮美奂；更有颂扬书画作品，仍说美轮美奂。越是不理解，越是滥用。除了闹笑话，就是浅薄了。上海辞书出版社 1987 年 8 月版《中国成语大辞典》：“美轮美奂：形容高大华美，多用于赞美新屋。”这个词本于《礼记·檀弓下》：“晋献文子成室，晋大夫发焉。张老曰：‘美哉轮焉，美哉奂焉！’郑玄注：‘轮，轮囷，言高大；奂，言众多。’”这就对了！

横空出世，形容人或物高大，横在空中，浮出人世，或比喻卓尔不群。有人说：“……一书的横空出世，乍一看，让人眼前一亮，及至读后，更是让人心头忽觉一热。”不管这些话说得通不通，只说这个成语也用得太奢侈了。不过是一本书，怎么就横空出世了！即使是《中国全史》《大百科全书》的出世，也不好这么说。说话的人真喜欢夸张！毛泽东词《念奴娇·昆仑》中说："横空出世，莽昆仑，阅尽人间春色。飞起玉龙三百万，搅得周天寒彻。”难道说一本书的出世，也能“搅得周天寒彻”？

第四节 难字逢人问，村中一小儿
——成语别字，不可不除

运用成语而将字写错的事情并不少了。从字音和字形两方面来看，成语中常见错误的情况如下。

因为读音相同而出现的误字

故步自封，不能写作：固步自封。故，旧；故步，旧时行步之法，引申为旧法；封，限制在一定的范围内。比喻守着老一套，不求进取。出自《汉书·叙传上》：“昔有学步于邯郸者，曾未得其仿佛，又复失其故步，遂匍匐而归耳。”又有邯郸学步，盲目地学别人走路姿势，没有学到，倒把自己原来怎么走路忘记了。

既往不咎，不能写作：既往不究。咎，本义为“过失、罪过”，引申为“责备”。不咎即不责备。语出《论语·八佾》：

"成事不说，遂事不谏，既往不咎。"在白话小说中经常使用，如清代吴趼人《痛史》："既往不咎，以后再办起事来，审慎点就是了。"

谈笑风生，不能写作：谈笑风声。有说有笑，兴致高。形容谈话谈得高兴而有兴致。用风声，好像真的刮风了。语出宋代辛弃疾《念奴娇·赠夏成玉》词："遐想后日蛾眉，两山横黛，谈笑风生颊。"

变本加厉，不能写作：变本加利。厉，猛烈。指比原来更加强力度，现指情况变得比本来更加严重。出自南朝梁代萧统《文选·序》："盖踵其事而增华，变其本而加厉，物既有之，文亦宜然。"朱自清《经典常谈·诗经第四》中曾经使用过："断句取义是在一句两句里拉出一个两个字来发挥，比起断章取义，真是断句取义了。"这个成语之所以写错，是误解"本"为贷款的本金，于是生出了贷款的"利息"，其实是在原本的基础上增加了强度。

噤若寒蝉，不能写作：禁若寒蝉。噤，闭口不作声。像深秋的蝉那样一声不叫了，比喻因害怕有所顾虑而不敢说话。出自《后汉书·杜密传》："刘胜位为大夫，见礼上宾，而知善不荐，闻恶无言，隐情惜己，自同寒蝉，此罪人也。"噤、禁，音同义不同。"噤"是不敢出声，"禁"是不准出声。这是需要分清的。

黯然失色，不能写作：暗然失色。黯然，心情不好、情绪低落的样子；失色，变了脸色。本指心情不好，脸色难看。后多比喻相形之下很有差距，远远不如。暗然，就只能说是光暗下来。出自南朝梁代江淹《别赋》："黯然销魂者，惟别而已矣。"李善注："黯然，失色貌。"

因为形体相近难以分辨而出现的误字

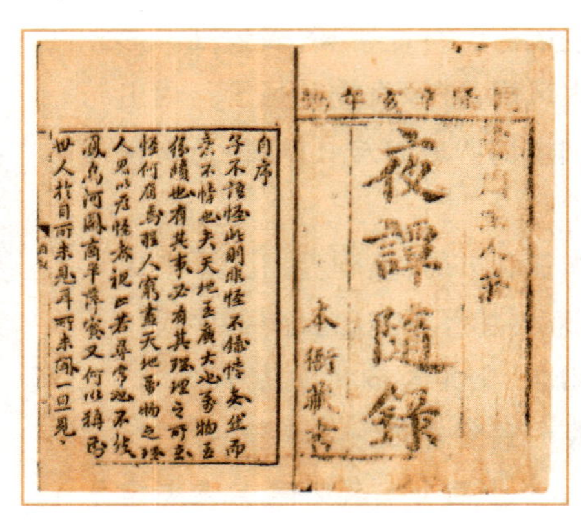
夜譚隨錄

自序

◎《夜谭随录》

瞠目结舌，不能写作：膛目结舌。瞠，瞪着眼；结舌，说不出话来。瞪着眼睛说不出话来。形容窘困或惊呆的样子。出自清代霁园主人《夜谭随录·梨花》：“因耳语其故，公子大骇，入舱隐叩细君，细君结舌瞠目。”膛目，则不可解。

向隅而泣，不能写作：向偶而泣。有泪无声称为“泣”。对着墙角默默地小声哭。形容没有人理睬，非常孤立。隅，墙角；泣，小声地哭。出自汉代刘向《说苑·贵德》：“今有满堂饭酒者，有一人独索然向隅而泣，则一堂之人皆不乐矣。”说向偶，则不可解。

暴殄天物，不能写作：暴珍天物。原指残害灭绝天生万物，后指任意糟蹋东西，不知爱惜。暴殄，是任意糟蹋东西。殄，灭绝；天物，自然界的宝贵生物。出自《尚书·武成》：“今商王受无道，暴殄天物，害虐烝民。”

不落窠臼，不能写作：不落巢臼。做事写文章，不能照老样子。窠、巢，义近音不同。动物栖身之所，但是鸟类在树上建的窝为巢，不能叫“窠臼”。窠臼，比喻现成格式、老套子。语出自宋代吴可《学诗》：“跳出少陵窠臼外，丈夫志气本冲天。”明代胡应麟《诗薮·内编四》也说过：“初学必从此入门，庶不落小家窠臼。”这是提倡不因循守旧，要有独创精神。

甘之如饴，不能写作：甘之如怡。意思是感到像糖一样甜，即使承受艰苦、痛苦，也甘愿接受。饴，是饴糖。怡，是一种快乐的心情，如心旷神怡。

怙恶不悛，不能写作：怙恶不俊。坚持作恶，不肯悔改。悛、俊二字形近义不同。悛，悔改；俊，俊美。出自《左传·隐公六年》：“**长恶不悛，从自及也。**”“悛”字音 quān，现在不常用，因此易错。

因为字音相同形体相近而出现的误字

筚路蓝缕，不能写作：毕路蓝缕。筚路，柴车；蓝缕，破衣。意指驾着柴车，穿着破旧衣服去开辟山林，形容创业艰辛。语出《左传·宣公十二年》：“**筚路蓝缕，以启山林。**”

铤而走险，不能写作：挺而走险。铤，急走的样子；走险，奔赴险处。指在无路可走的时候采取冒险行动。出自《左传·文公十七年》：“**小国之事大国也，德则其人也，不德则其鹿也，铤而走险，急何能择？**”说的是小国家同大国家打交道，合于大国之德你就算人，不合你就是鹿不是人，你急急忙忙有什么用呢？

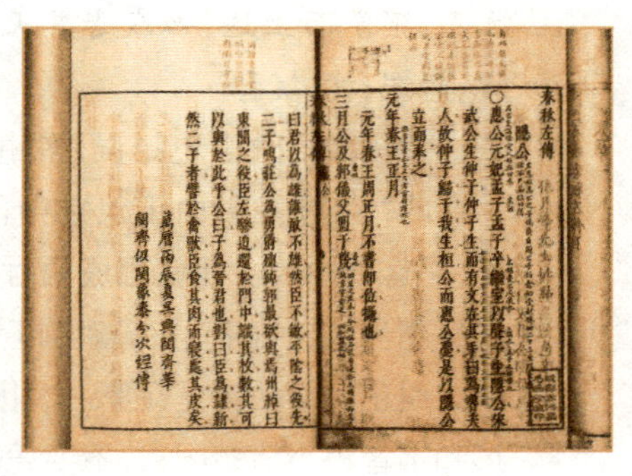
春秋左傳
隱公
○惠公元妃孟子孟子卒繼室以聲子生隱公宋
武公生仲子仲子生而有文在其手曰為魯夫
人故仲子歸于我生桓公而惠公薨是以隱公
立而奉之
元年春王正月
元年春王周正月不書即位攝也
三月公及邾儀父盟于蔑
曰君以為雄誰敢不雄然臣不敏平陰之役先
二子鳴莊公為勇爵殖綽郭最欲與焉州綽曰
東閭之役臣左驂迫還於門中識其枚數其可
以與於此乎公曰子為晉君也對曰臣為隸新
然二子者譬於禽獸臣食其肉而寢處其皮矣
萬曆丙辰夏吳興閔齊華
閔齊伋閔象泰分次經傳

◎《左传》批注本

凤毛麟角，不能写作：凤毛鳞角。凤凰的羽毛，麒麟的角。比喻珍贵而稀少的人或物。出自南朝宋代刘义庆的《世说新语·容止》：“**大奴固自有凤毛。**”《南史·谢超宗传》：“**超宗殊**

有凤毛。"《北史·文苑传序》:"学者如牛毛,成者如麟角。"牛毛,言其多而不珍贵,凤毛则稀有了。鳞,就是鱼鳞,没什么珍贵可言。

姗姗来迟,不能写作:珊珊来迟。姗姗,形容走得缓慢从容的样子。慢腾腾地来晚了。出自《汉书·孝武李夫人传》:"立而望之,偏何姗姗其来迟。"珊,是珊瑚,由一种叫珊瑚虫的腔肠动物的外骨骼聚集而成的石灰质堆积物。

唾手可得,不能写作:垂手可得。唾手,往手上吐唾沫,这是劳动者做重活时为了加大手与物的摩擦力而形成的习惯动作。表示动手就可以取得,比较容易得到。出自《后汉书·公孙瓒传》中李贤注引《九州春秋》的文字:"始天下兵起,我谓唾掌而决。"说"垂手可得"就错了,也没有那么容易的事。

怨天尤人,不能写作:怨天忧人。指遇到挫折或出了问题,一味报怨天,责怪别人。语出《论语·宪问》:"不怨天,不尤人,下学而上达,知我者其天乎!"尤、忧,二词意义不同。尤,怨恨;忧,忧愁。

使用成语时出现错误,多由于对字形的"鲁鱼不辨",对字音的"大盖齐",由于汉字中同音字多,形近字多,容易混淆,是客观原因。而使用成语时一时记忆不确,又不求甚解,仅凭想当然,时间一长,就会以为自己想当然的用法是正确的。纠正的办法就是在第一次接触生僻的成语时一定要对字形和字音搞个清楚明白,不要凭模糊的印象使用,不然会一误再误地误下去。

比如,轻歌曼舞是指轻松愉快的音乐和柔和优美的舞蹈,不是"轻轻地唱歌,慢慢地跳舞。"曼是"柔和"的意思,不能写成"慢"。诸如此类,随时用心,不但能够自己正确使用语言,也不会给别人带来坏的影响。

第五节 吏抄诗懒多讹字，童治餐迟少嫩蔬
——成语错用，以讹传讹

汉语成语中有一些属于共同的错误。以讹传讹，积重难返。吴世昌先生谈治学经验时说："不论看什么书，必须有自己的见解，不迷信书中所说。对于古人、今人（包括老师、权威、名流）也可能错，自己也可能错。总之，对于一个问题要反复考虑，不得到满意合理的答案，决不停止研究。"

◎ 吴世昌画像

比如，我们口语中有个"拆东补西"的成语。它是从一句俗语中压缩而来的。这句俗语是什么？有个"拆东墙，补西墙"，比拆东补西用得更多。细想，这话其实说错了，因为道理很简单，哪一位住宅的主人也不会如此缺心眼儿，为了补西边的墙，就愚蠢地拆了东边的墙。西边的墙补好了，那么东边的墙不是一样有了破洞吗？这种拆法是傻得不透气了。偶然间看到宋人陈师道《次韵苏公西湖徙鱼三首》中的诗句，给人特别的启发："诗成笔落骥历块，不用安西题纸背。小家厚敛四壁

立，拆东补西裳作带。”所以“拆东墙，补西墙”应该写作“拆东裳补西裳”更好。旧时人们穿衣讲究节俭朴素，如果衣服都破了，就设法从一件衣服上拆取整齐的布片，补到另一件衣服上。拆剩下的旧布还可以编个带子。所以“拆东裳补西裳”才是“拆东补西”的原型。

再有，“养家糊口”应是“养家活口”，这是一个同义复合结构的成语。“养家”即“活口”，养其家，活其口，即让家有所养，人能够活。这里的“口”，不是嘴，是“人口”的“口”，所以不能“糊”。这样的成语是很多的。如形单影只、单枪匹马、流言蜚语、源远流长、真知灼见、呕心沥血，都是一样的结构。

以讹传讹的成语是很多的。如“阴阳搭戳”应该是“阴阳搭界”，“骨瘦如柴”应是“骨瘦如豺”。这些有趣的问题，可参阅拙作《出口成错——还原俗言俚语的真正含义》。

第六节 悲歌泣鬼神，妙语无余少
——活用成语，写出妙文

换位成语

一般说成语的形态是不能随便改动的。如说“勇往直前”不能说“直前勇往”；“官官相护”，不能说“相护官官”。但是也有的成语中词的结构比较松弛，是可以换位的。于是形成了一个成语有多种形式的情况，这大多是一些并列结构的词，如：

兵强马壮、马壮兵强，万水千山、千山万水，天长地久、地久天长，天翻地覆、地覆天翻，龙盘虎踞、虎踞龙盘，戴月披星、披星戴月，降龙伏虎、伏虎降龙，龙腾虎跃、虎跃龙腾。

仿词成语

仿词的使用能给文章带来一些新生气。鲁迅就经常这样用，比如，他还从“文心雕龙”造出个“评心雕龙”，指关于评论的研究；从“深闺”造出个“浅闺”，表示走出深闺的人。鲁迅先生《这个与那个》中有句话：“一个阔人说要读经，嗡的一阵一群狭人也说要读经。岂但‘读’而已矣哉，据说还可以‘救国’哩。”句中“狭人”是仿照“阔人”而造出来的。阔人指反动统治集团的权要人物，“狭人”指他们的应声虫。这样说还不够。只因为鲁迅从形象上说那些有钱有势的人多是胖子，身体很宽“阔”，而一般人的身体则很“窄狭”。这就使文章出现了新鲜气。

他从“公理”造出个“婆理”，特指女师大校长对学生的压制，那肯定是他的神来之笔。其他如从“老头子”造出个“小头子”，指同“老头子”一气的青年学生。鲁迅喜欢这样说是因为他把“老头子”也解成了“老土匪头子”，那么学生中的小头子就是“小土匪头子”。这不是鲁迅喜欢这样自称，而是流言者已经将他说成了“暴徒”和“土匪”。

不过新造的仿词，必须在约定俗成的词语情境下使用，不能游离出来。没有那个“老头子”作铺垫，就不能直接说“从那边走来几个小头子”之类的莫名其妙的话。

第七节 此语创闻真快绝，非阿所好理当然
——翻改成语，天不会塌

现在的流行语中活用成语的情况时有发生，杞忧者不少，主要是怕把大家使用成语的精确性搞混乱了。这种担心虽然是好意，却有点多余。如某服饰的广告语“衣衣不舍”，某美容丰乳产品的广告语“挺挺玉立”，以及其他一些商家发布的“一戴添娇”“大智若娱”“默默无蚊”“首屈一纸”“酒负盛名”“有痔无恐”“咳不容缓”等。有人认为“这些所谓的广告创意，表面上看仅仅是改变了成语的本意，实质上却是对我国传统文化的亵渎”。这样说怕是过分了。

笔者认为这不是什么亵渎，而是一种语言活用。手法可以称作“仿拟”。好像我们故意将“向前看”改为“向钱看”，讽刺拜金主义，也不会混淆了。在中国现代白话文中这样的手法比比皆是，在鲁迅的作品中就常用这种手法造词。如：

满心“婆理”而满口“公理”的绅士们的名言暂且置之不论不议之列，即使真心人所大叫的公理，在现今的中国，也还不能救助好人，甚至于反而保护坏人。

这是从熟语“公说公有理，婆说婆有理”中仿造出的“公理”和“婆理”，用来指观点对立的两方面。在这段话里，仿词“公理”又是双关用法，明指“公婆”之间“公公”的“公理”，暗指“社会公共道德规范”的“公理”。

灵活运用成语，与胡乱改动成语是两回事。广告创意，并不是窜改成语，谐音是对语言的丰富性使用。旧语翻新、语意延伸或改变原意，在汉语中是允许的。不过应该注意的是，这些临时翻造出来的词，只能在此语境下使用，不能泛用。常见的有利用语音相似的语素转换创造仿词。如：

前途——钱途

坐以待毙——坐以待币（等钱用）

现在在商业广告中，利用汉语或成语喜闻乐见的形式，用了许多谐音式仿造的词。

关于服装的：衣名惊人（仿“一鸣惊人”）

关于热水器的：随心所浴（仿“随心所欲”）

关于棉被的：有被无患（仿“有备无患”）

关于电熨斗的：百衣百顺（仿“百依百顺”）

关于痔疮药的：痔在必得（仿“志在必得”）

关于礼品店的：百礼挑一（仿“百里挑一”）

关于饭店的：食全食美（仿“十全十美”）

第八节 因君笔墨多新语，满路云山得美名
——旧语不死，新语繁生

由于社会生产能力的不断增长，经济的不断发展，人类文明的不断进步，人的思维方式的变化加快，不断出现新词语、新事物、新概念，语言中要有新的词语产生，就有旧的词语死

亡。汉语成语也处于不断吐故纳新之中，词汇作为语言的建筑材料，虽然不能日新月异，却应该承认有一部分最常用、最稳定的成语，这样还会生成新成语。比如，五世其昌，也随着聚族而居的大家庭的实际不存在，也就淡化了“家世”的概念。如果进一步说“洪福齐天”，也更显得太庸俗了。有的成语原先是褒义，如“官运亨通”那是封建社会里求之不得的好事，如果说现代人就成了一种讽刺，或者玩笑。

在成语的使用过程中，也有死而复生的现象。过去一时不用的成语，由于文化发展到了一个新背景下，旧词就可能复出。这是经常有的。比如，招财进宝、心想事成、财运亨通，都曾经被打死了，现在却到处在使用起来。所以我们常说的新气象，其实往往是旧东西的回潮和复活。

这让我们想起来，在提倡阶级斗争的年代里，是不能说“平安无事”的。越安定越说是“树欲静而风不止”，是“激烈的阶级斗争中的假相”。样板戏《平原作战》中的高大伯是个“革命的更夫”，我们知道，旧时的更夫，是一边走一边敲着梆子报平安：“平安无事啊。”这是历史真实。那时的“旗手”一定给戏里的高大伯台词改成“没有事啊”，就因为“平安无事”不时髦。那阵子过去以后，现在又可以用“平安无事”了。我们多么愿意天下真的平安无事。

第九节 尺感尺弱分两歧，句拙语俗意有疵
——成语好用，也不万能

任何事物的优点，在其性质上都包含有其局限性，在成语这种语言现象中也是一样。成语是中华民族语言中的精华和瑰宝，这是没有争议的，但是成语不是万能的宝贝。好的词语在使用中要恰到好处，不然就会显示出成语的局限性。

比如，文章中过分堆积成语会有词语轰炸的感觉。一个意思还没有让人理解明白的时候，又来了一连串，这就很难恰如其分。“中国女子柔道选手袁华在人声鼎沸的赛场上能做到充耳不闻、心静如水，而一旦发力，就令对手不寒而栗。”在一句话中用了人声鼎沸、充耳不闻、心静如水、不寒而栗四个成语，显得语言啰唆，特别卖弄；而且也用得不够准确。

再有，用一连串的相同意思的成语，切不可堆积一处。如说：“这样做就可以一箭双雕，一举两得，收到一石二鸟的效果。”虽然没有语法毛病，也会显得楼上架屋，让人讨厌。

郭沫若在《关于文风问题答〈新观察〉记者问》中曾经举过一个例子：

现在有些文章有个毛病，就是爱堆砌形容词……如，“六万万人正以排山倒海、乘风破浪之势……”这样的句子就有点不恰当。把山移开、海翻过来，那是多么大的形势，同乘风破浪不能相比。所以既然已有排山倒海，就不应再用乘风破

浪了。

还应该说的是，理论文章中成语多用几个，有时效果不错；在文学作品中就要注意节制使用。文学创作尽可能少用成语，才是写作的秘诀。万一要使用时也得掂量再三，用得合适。应该看到成语本身是有缺点的，那就是使文章缺少原创性，不能形成作者自己的个性化语言特点。特别是写小说、散文、诗歌、戏剧作品的时候，要尽可能用自己的语言说话。个性化的语言，比成语要生动。

成语比通俗的口语显得抽象和概括。这是它的优点，但成语也容易让明确的意思变得模模糊糊。在鲁迅研究中有些专家也没有弄明白鲁迅为什么在《淑姿的信·序》中使用了骈体文，用了大量的现成古典华丽词语。还为他的华丽词句叫好。鲁迅却说："那一篇四不像的骈文，是序《淑姿的信》，报章虽云淑姿是我的小姨，实则和他们夫妇皆素昧平生，无话可说，故以骈文含胡之。"

鲁迅的文章中使用古典成语并不是很多。但是他喜欢用口语中的"炼话"，即俗语、谚语、惯用语。他说过，自己写文章"采说书去其油滑，听闲谈去其散漫"。他说："方言土语里，很有些意味深长的话，我们那里叫'炼话'，用起来是很有意思的，恰如文言的用古典，听者也觉得趣味津津。各就各处的方言，将语法和词汇，更加提炼，使他发达上去的，就是专化。这于文学，是很有益处的，它可以做得比仅用泛泛的话头的文章更加有意思。但专化又有专化的危险。言语学我不知道，看生物，是一到专化，往往要灭亡的。未有人类以前的许多动植物，就因为太专化了，失其可变性，环境一改，无法应付，只好灭亡。"他曾经说过，"大雪纷飞"这个成语就不如《水浒传》里的一句口语好："那雪下得正紧。"他特别喜欢清代张南庄的一部并不经典的小说《何典》，并不是因为那故事有什么了不起，而是那书里面全用俗语写成，其中有大量的通俗成语。鲁迅在使用“成语”这个词的时候是限定为“口成之语”，不包括“古典语句”。因此他说：“成语和死古典又不同，多是现世相的神髓，随手拈掇，自然使文字分外精神，又即从成语中，另外抽出思绪：既然从世相的种子出，开的也一定是世相的花。”

亚里士多德说，文学的用语应该自然。《亚里士多德全集》第九卷《修辞术》写道：“那自然的能引人入胜，那雕饰的不能这样。……尤瑞皮地司首开此风：从普通言语中选择字句，而使技术巧妙的藏伏其中。”可见，大家们的认识是一致的：成语也应有节制地使用。

第六章

成语与名人轶事

这一章收集了一些文化名人使用成语的典型故事，都能给人深刻的印象。

第一节 杨度风流，“不堪回首”

杨度（1875—1931）原名承瓒，字皙子，后改名度，别号虎公、虎禅，又号虎禅师、虎头陀、释虎，湖南湘潭姜畲石塘村人，是中国近代史上的政治家。他有点先秦纵横家的特点，曾经投身截然对立的政治派别。杨度早年曾留学日本，主张君主立宪，袁世凯恢复帝制时他成为筹安会的“六君子”之一，替袁世凯鼓吹帝制，结果是那个“**王朝短命**”，杨度扮演了不光彩的角色。

◎ 杨度

袁世凯垮台后，北京市上出现了一条拆字格，按汉字的繁体来写，就看得特别清楚。上联：

或入圍中拖出老袁还旧國；

不久有人对上下联：

余行道上不堪回首问前途。

有人问,这个“余行道上”的余是谁?回答说“余”就是杨度,他是夫子自道。这副楹联的构思很巧,上联的“或、圜、袁、國”与下联的“余、道、首、途”八个字的分合拆变游戏,颇具机趣。不要视作这是杨晳子自我解嘲之作,应看作这是他严于解剖自己、不怕触及灵魂,与他晚年转入中国共产党,言行一致。以小见大,从一副对联来分析杨度的觉悟与转变也是可以令人置信的。

杨度后期倾向革命,1927 年在北京营救过共产党的早期领袖李大钊同志。移居上海参加过进步组织“中国互济会”,并于 1929 年秋加入了中国共产党,在白色恐怖下坚持党的工作。不过好多的头衔也不如他在国学研究方面更有影响力。

第二节 严复发明,“物竞天择”

物竞天择,已经是个成语,被大家广泛地使用了。这应该是严复的功劳。他于 19 至 20 世纪之交,即从西方引入达尔文的进化论,译为《天演论》,无异于向中国的思想界投入了一颗炸弹。破坏了中国传统的自力更生、自以为是、自我陶醉的生活幻想,有识之士开始有了“亡国灭种”的危机感,思考中国向何处去的重要问题。

梁启超称严复为“清季输入欧化之第一人”。严复的译作生涯，集中在戊戌以后至辛亥之前十二三年间。自1898年首译赫胥黎的《天演论》，也是一发不可收，至1909年译出耶方斯的《名学浅说》，其间还译有：亚当·斯密的《原富》(1902)、斯宾塞的《群学肄言》和约翰·穆勒的《群己权界论》(1903)、甄克斯的《社会通诠》(1904)、孟德斯鸠的《法意》(1904—1909)、约翰·穆勒的《名学》(1905)六种，共是八种。其中《天演论》，初为河阳卢氏慎始基斋木刻，正式出版于光绪二十四年(1898)。光绪二十七年(1901)，富文书局出版《赫胥黎天演论》一册。光绪二十九年(1903)，上海文明书局出版了《吴京卿节本天演论》。这是据吴汝纶日记所录《天演论》付排。

◎ 严复

吴汝纶在读了严复的《天演论》译稿后，摘录主要内容写在自己的日记里，自拟了小标题。同一年，《经济丛编》第3册至第6册，也刊载《吴京卿节本天演论》。这个节本是内容精练的《天演论》译本，有其特点，成为当时中学生喜爱的课外读物。

吴汝纶在为他写的序言中称赞《天演论》的译本之妙："赫胥黎氏之指趣，得严子乃益明。自吾国之译西书，未有能及严子者也。"他特别强调译笔对思想阐述的重要性："凡吾圣贤之教，上者道胜而文至；其次道稍卑矣，而文犹足以久。独文之不足，斯其道不能以徒存。"他说了三种情况，一种是学说高明而文采也好，这是最好的一等；其次是学说并不太高明，而文采却不错，学说也能够传得久远；第三种最不好，就是文采太差，不管学说如何也没有人看。这强调了文采的至关重要。而严复的文采却是非常好的。

◎ 严复《天演论》手稿

“物竞天择”这个词就是严复创造出来的。严复在《天演论》译文中写道：“虽然，天运变矣，而有不变者行乎其中。不变惟何？是名天演。以天演为体，而其用有二：曰物竞，曰天择。此万物莫不然，而于有生之类为尤著。物竞者，物争自存也。以一物以与物物争，或存或亡，而其效则归于天择。天择者，物争焉而独存。则其存也，必有其所以存，必其所得于天之分，自致一己之能，与其所遭值之时与地，及凡周身以外之物力，有其相谋相剂者焉。夫而后独免于亡，而足以自立也。而自其效观之，若是物特为天之所厚而择焉以存也者，夫是之谓天择。天择者，择于自然，虽择而莫之择，犹物竞之无所争，

◎ 严复《天演论》初版

而实天下之至争也。”从此这个成语就被大家广泛使用了。

赫胥黎与达尔文是同时代人。这两位大科学家不仅是好朋友，而且在学术上互相启发，互相切磋。达尔文的《物种起源》的写成，就得益于赫胥黎的帮助不少，达尔文对赫胥黎也极为钦佩。他的《物种起源》第一次在1859年出版时，首先就寄给赫胥黎请他批评，赫胥黎一口气读完后就写信支持达尔文的见解。赫胥黎认为，尽管书中的某些不甚重要的结论，还有待继续研究与探讨，但通篇而论，这部论著有着极宝贵的价值，是一本划时代的杰作，它必将引起一场科学思想的深刻革命。赫胥黎最后告诉达尔文，他将全力以赴地投入这场捍卫科学思想的大论战中去。赫胥黎在信中说：**“为了自然选择的原理，我准备接受火刑，如果必要的话。”“我正在磨砺我的牙爪，以备来保卫这一高贵的著作。”**赫胥黎并郑重地宣布：**“我是达尔文的斗犬。”“自从九年前我阅读了冯贝尔的论文以后，我所看到的博物学上的著作，没有一本给我**

◎ 以“达尔文斗犬”自命的赫胥黎

◎ 达尔文《物种起源》初版

这样深的印象。我最衷心地向你表示谢意，因为你给了我大量的新观点。我认为这本书的格调是再好也没有了，它可以感动对于这个问题一点也不懂得的人们。”达尔文在一封回信中认定了赫胥黎的判断。这两位伟大的博物学家的创造性劳动和科学研究的合作精神是一切科学研究者的典范。

第三节 章太炎称说，“青出于蓝”

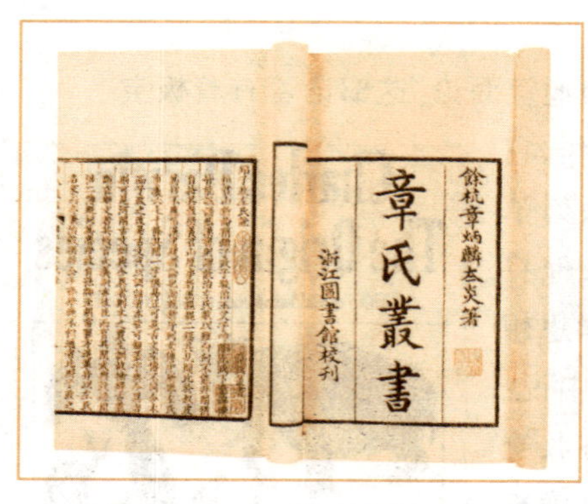

◎《章氏丛书》

章太炎，名炳麟，字枚叔，初名学乘。后改名绛，号太炎。浙江余杭人，清末民初民主革命家、思想家、中国近代著名朴学大师。著名学者，研究范围涉及小学、历史、哲学、政治等领域，著述甚丰。

黄侃是章太炎的大弟子，入门最早，也最聪明，深得章门学问的真传。特别是在音韵学方面，黄侃已经超过了老师，这主要是在古韵分部问题上。章的二十三部，主张阴入不分；黄的二十八部，则承戴震一派，以入声别列，分承阴阳。

章大炎并不反对学生独立发展，自成一家；对学生能够超过老师不以为忤，反而深表嘉许。黄侃死后，章太炎曾说："大国手门下，只能出二国手；而二国手门下，却能出大国手。"有弟子初闻此言，不甚理解，就向老师请教。

章太炎说："大国手的门生，往往恪遵师意，不敢独立思考，学术怎会发展；二国手的门生，在老师的基础上，不断前进，故往往青出于蓝，后来居上。所以一代大师顾炎武的门下，高者也不过潘耒之辈；而江永的门下，竟能出现一代大师。"

这一成语出自《荀子·劝学》："青，取之于蓝而青于蓝；冰，水为之而寒于水。"青，是指靛青，即靛蓝；蓝，是指兰草，是可以用于制作靛蓝染料的菘蓝、蓼蓝、木蓝等草。青从蓝草中提炼出来，但颜色比蓝草更深；冰是水凝结而成，但比水更冷。荀子用青与蓝、冰与水的关系来鼓励学生应该用功研究学问，争取比老师更有成就。由于荀子这几句话形象深刻，通俗易懂，便为后人所常用，比喻学生胜过老师、后人胜过前人。

◎ 章太炎

这种说法，一反"名师出高徒"的习惯说法，既是谦虚，也别有创见，发人深思。名学者的后代常常并不是学者，即使成了学者，也不很高明，大概就是这个道理。像梁启超子女九人，出了三个院士，毕竟是少有的。梁启超是中国近代著名思想家、政治家，文学家、史学家、教育家，他叱咤政坛，潜心学问，仅遗留下来的著作就有一千四百多万字。在忧国忧民、投身社会、匡国济世、勤奋著书的同时，也注重对下一代的教育，因此他的孩子中：长子梁思成是众所周知的建筑学家，次子梁思永是考古学家，梁思礼则是火箭控制系统专家——九个子女中出了三个中国科学院院士。

第四节 蔡元培抽思，"兼容并包"

蔡元培(1868—1940)，字鹤卿，又字仲申、民友、孑民，浙江绍兴人，著名革命家、教育家、政治家、中华民国首任教育总长。1916年6月，受教育总长范源濂之邀，蔡元培从法国回国，于1917年1月正式就任北京大学校长。上任伊始，他整顿校风，倡导"兼容并包，思想自由"，锐意教育改革，不问政治倾向，只讲真才实学。虽然英文门(系)教授辜鸿铭是前清遗老，支持张勋复辟；国文门(系)教授黄侃坚持国故，反对新文化；但是考虑到他们的学问，都予以留用。他扩大文、理二科，请陈独秀为文科学长，请胡適、钱玄同、周作人、沈尹默、陶孟和等为教授，使北大成为五四新文化运动的发祥地。他破格招收女生，开中国大学教育之先河。他在北大掌校十年，真

◎ 蔡元培

正在校只有五年半时间。由于对北大的巨大贡献，他被尊为"北京大学之父"。

蔡元培上任后，就在北大大力推行"兼容并包，思想自由"的政策。更重要的是，蔡元培不讲究学术派别，只要学点专长，都千方百计予以延揽。过去中国学术流派很多。经学有今文、古文学派的不同，蔡元培既聘请了今文学派的崔适，也聘请了古文学派的刘师培。在文字训诂方面，既有章太炎的弟子朱希祖、黄侃、马幼渔，还有其他学派的陈介石、陈汉章、马叙伦。在旧诗方面，同时有主唐诗的沈尹默，尚宋诗的黄节，还有宗汉魏的黄侃。另外，蔡元培还大力引进具有新思想、新知识的学有所成的留学生。如胡適、王宠惠、马寅初、李四光、夏元瑮（理科学长）、王星拱、任鸿隽等人，受到北大学生的热烈欢迎。

唐代韩愈《进学解》写道："玉札丹砂，赤箭青芝，牛溲马勃，败鼓之皮，俱收并蓄，待用无遗者，医师之良也。""兼容并包"，大概从此得来。不过，"兼容并包"并不是不分是非，不分轻重，他是看重真才实学。这是一项很具体的政策，既稳定了学术队伍，在客观上又留住了新思想、新学派。这是问题的实质。

第五节 鲁迅神思，"南腔北调"

鲁迅（1881—1936）是中国现代文学中最重要作家之一，

也是一位学者。他出版过很多文学著作和研究专著。同现代的许多作家相比,最善于给自己的书取名的就是鲁迅。他的一系列著作如《呐喊》《彷徨》《野草》是用了现成的词语,但是也没有与以前的作家著作重名,至于《坟》《热风》《华盖集》《而已集》《三闲集》《二心集》《南腔北调集》《伪自由书》《准风月谈》《花边文学》《且介亭杂文》等都是标新立异的书名。好的书名有个条件,就是既有个人特色,也应该是唯一的。

这里说到的《南腔北调集》就是妙手偶得的书名。其中有一段自己的故事,也有历史典故;有点自嘲,又不无自信。当时有一个杂志叫《出版消息》,上有一个专栏就叫"作家素描",发表点现代作家的小传和轶事。有一位署名"美子"的"上海文学家"在《出版消息》上发表"作家素描"。1933 年 1 月 16 日《出版消息》的第 4 期上刊登美子写的鲁迅素描。这是素描的"之八",此前,已经发表过七篇素描文章。美子写鲁迅的确有点游戏之笔,油滑得出了格。文章说,鲁迅极喜欢演说,但讲话的时候是口吃的,至于用语,则是南腔北调。鲁迅将计就计地用了这个成语。

◎ 鲁迅

他说:"前两点我很惊奇,后一点可是十分佩服了。真的,我不会说绵软的苏白,不会打响亮的京腔,不入调,不入流,实在是南腔北调。而且近几年来,这缺点还有开拓到文字上去的趋势;《语丝》早经停刊,没有了任意说话的地方,打杂的笔墨,是也得给各个编辑者设身处地地想一想的,于是文章也就不能划一不二，可说之处说一点，不能说之处便罢休。即使在电影上，不也有时看得见黑奴怒形于色的时候，一有同是黑奴而手里拿着皮鞭的走过来，便赶紧低下头去么？我也毫不强横。”

鲁迅在解释书名时，有对美子的批评。但是，鲁迅却能够借题发挥。他不满意的是美子的轻佻文笔把鲁迅描写成一个喜欢讲演、大出风头、好表现自己的人。但是鲁迅却从另一个角度承认自己的做事、作文、处世，有一点“不入调，不入流”的南腔北调脾气，这倒是最重要的。就好像鲁迅虽然觉得别人攻击他是“文坛贰臣”，他也不否认自己“在坏了下去的社会里”，自己的确有“一点携贰的心思”。当然，在传统文字观念中，说一个人以及他的文字南腔北调，不是褒义。但是在“重估一切价值”的“五四”时期，这正是一种大胆向封建思想挑战、勇敢创造新文化的可贵精神。

鲁迅是有反叛意识的作家、思想家，他从来就不愿意入调入流地说话，做人，做文章。说话的南腔北调在其次，文章内容、形式、语言的南腔北调才是特色。他自认自己的杂文就是不入调不入流的文章。“打杂的笔墨”，“杂凑”而已。这样说下去，就涉及自己写杂文，而不写鸿篇巨制，固然有言论不自由的原因，其实也是他自己愿意坚持的写作习惯。鲁迅用“南腔北调”来概括自己的杂文集，这一层意思我们应该看到。这其实是鲁迅关于文章体式的一贯思想。有不少好心人劝鲁迅不要写那些不能进文学殿堂的杂文，应该从容地写一些永久性的大作品。他说：“也有人劝我不要做这样的短评。那好意，我是很感激的，而且也并非不知道创作之可贵。然而要做这样的东西的时候，恐怕也还要做这样的东西，我以为如果艺术之宫里有这么麻烦的禁令，倒不如不进去；还是站在沙漠上，看看飞沙走石，乐则大笑，悲则大叫，愤则大骂，即使被沙砾打得遍身粗糙，头破血流，而时时抚摩自己的凝血，觉得若有花纹，也未必不及跟着中国的文士们去陪莎士比亚吃黄油面包之有趣。”为了中国人的生存是第一要事，至于自己是不是能够成名成家，他并不考虑这些。

其实，鲁迅的书名与家乡绍兴徐文长有关系。鲁迅绍兴故居不远的地方有徐文长的青藤书屋，书屋有一对联：“几间东倒西歪屋，一个南腔北调人。”其主人徐渭，字文长，确是个南腔北调人。徐文长有强烈的叛逆性格和毫不妥协的批判精神，他在文学上的不拘世俗的创新精神，显得十分不容于世，他那种南腔北调作风，无疑是鲁迅所欣赏的。

这一成语的使用，肯定给攻击鲁迅的人来了个想不到的回答。我们也看到了，一个成语，在使用过程中，鲁迅赋予它很多的特别含义。文学语言的研究真是个说不尽的话题。

第六节 鲁迅调侃，“卷土重来”与“至死不变”

胡適与鲁迅，在五四新文化运动时期，同属《新青年》同人，都是文学革命倡导者，又同在北京大学任教，不过鲁迅是兼职。当时的胡適热衷于中国古典小说的考证研究，鲁迅正讲授“中国小说史”课，也从事中国古代小说的研究。两人有过一些交往。鲁迅《中国小说史略》出版前后，曾向胡適征求过意见。胡適写《中国章回小说考证》时，也多次向鲁迅请教。他们相互切磋、辩难，交往密切。至于后来，是两人因所持主义不同而分道扬镳。

1932年11月，鲁迅因母亲病重，赴北京看望母亲。鲁、胡两人偶然相见的时候，胡适开着玩笑说："你又卷土重来了？"

鲁迅答道："我马上卷土重去，绝不抢你的饭碗。"

胡适却解嘲搭讪："还是老脾气啊！"

鲁迅痛快地说："这叫至死不变。"

别看他们是开玩笑，却显示了双方的性格。鲁迅从对方的话里听出了对自己重来北京的不热情，甚至有不欢迎的味道时，立即给了一个回击。将成语"卷土重来"换成了一个"卷土重去"，不软不硬，犀利泼辣，再加上一个成语"至死不变"，就显出了他的执着和韧性精神。如今想起来，胡适也未必是不欢迎鲁迅的意思。他们总算是在《新青年》的战壕里面共同战斗过来的，老朋友开个玩笑也不能说成就是什么了不起的斗争。

第七节 辜鸿铭师尊，"约法三章""呜呼哀哉"

辜汤生（1857—1928），字鸿铭，号立诚。他以自己的字而知名，原名反而不彰。他祖籍福建省同安区，生于南洋英属马来西亚槟榔屿，是学博中西的大学者，不但精通西洋科学、语言，又精通中华文化。他不但翻译了中国四书中的《论语》

《中庸》《大学》,还著有《中国的牛津运动》(原名《清流传》)和《中国人的精神》(原名《春秋大义》)等英文书,热衷向西方人宣传东方的文化和精神,产生了重大的影响,在西方形成了**"到中国可以不看紫禁城,不可不看辜鸿铭"**的说法。

◎ 辜鸿铭

辜鸿铭是清末民初名噪士林的奇人名士,既有片言解纷、妙语天下的幽默,也有讽时骂世、狂初好辩的怪诞。他拖了一条清人的辫子不肯剪,用红丝线系上,戴上一顶瓜皮帽,出入北大文学院汉花园红楼。他坚持保留纳妾、小脚、男人留辫子等封建陋习的怪诞,是集顽固保守、狂悖古怪于一身的封建观念的卫道士,却也是有学问的学者。但是他也有很清高的一面。1919 年 8 月,胡適在《每周评论》上发表《记辜鸿铭》一文,对辜鸿铭留辫不剪的行为进行了分析。他认为辜氏此举"当初是'立异以为高',如今竟是'久假而不归'了"。他觉得辜鸿铭并不是留恋前清,而是标新立异。但是辜并不买这个账,甚至要告他。

辜鸿铭在北京大学讲授英国文学课,第一次上课总要对学生立个规矩,那叫"约法三章":"第一章,我进教室时你们要站起来,上完课我出门后你们才可以再出去。第二章,你们问我话或者我问你们话时,你们都得站起来。第三章,我指定你们要背诵的书,你们都要背,背不出来不能坐下。"他的约法三章,表示了授课的严肃性和严格性。有这样的要求,学生不敢有一点偷懒。这也许是教学的一个良方。

约法三章，这个成语出于司马迁《史记·高祖本纪》："汉元年十月，沛公兵遂先诸侯至霸上。秦王子婴素车白马，系颈以组，封皇帝玺符节，降轵道旁。诸将或言诛秦王。沛公曰：'始怀王遣我，固以能宽容；且人已服降，又杀之，不祥。'乃以秦王属吏，遂西入咸阳。欲止宫休舍，樊哙、张良谏，乃封秦重宝财物府库，还军霸上。召诸县父老豪桀曰：'父老苦秦苛法久矣，诽谤者族，偶语者弃市。吾与诸侯约，先入关者王之，吾当王关中。与父老约，法三章耳：杀人者死，伤人及盗抵罪。余悉除去秦法。诸吏人皆案堵如故。凡吾所以来，为父老除害，非有所侵暴，无恐！且吾所以还军霸上，待诸侯至而定约束耳。'乃使人与秦吏行县乡邑，告谕之。秦人大喜，争持牛羊酒食献飨军士。沛公又让不受，曰：'仓粟多，非乏，不欲费人。'人又益喜，唯恐沛公不为秦王。"

刘邦进入咸阳后，部下诸将见到秦宫室中的珍奇玩好、金银财宝，不禁眼花缭乱，馋涎欲滴。惊奇之余便肆无忌惮地你争我夺，一时间，咸阳城中混乱起来。好酒好色的沛公以征服者的姿态大摇大摆地走进秦宫室，要体验一下做关中王的滋味。但是刘邦手下诸将有头脑清醒的人，不断地提醒着他。樊哙说："贪珠宝玉器和美人是秦所以亡天下的原因，你怎么能留在宫中呢？应该赶快还军霸上。"刘邦却听不进樊哙的话。张良也对他说："你刚进咸阳便打算安心享乐，这和暴秦有什么两样呢？"在樊哙和张良的苦苦劝说之下，刘邦醒悟，封起财物府库，还军霸上。刘邦还军霸上后，便召集诸县父老豪杰，向他们发布安民告示。这就是历史上有名的约法三章。

关于刘邦的"约法三章"，有三点值得注意。首先，它是刘邦由农民起义领袖向地主阶级代表转变的标志。在秦末农民起义过程中,县杀其令丞,郡杀其守尉的现象屡见不鲜,是合理的。现在根据“约法三章”,如果谁敢于再像陈胜、吴广那样杀死将尉,斩木为兵,揭竿而起的话,那就要被处死。这三条约法,是保护地主阶级生命财产的法令,也是保留秦王朝的行政机构和官员使之为自己服务的法规,这一做法保护了关中地主集团的利益。刘邦当众宣布怀王与诸侯的约定,并刻意笼络人心,表示他率军入关是为父老除害,非有所侵暴,意在博得关中地主集团的好感。于是,秦人大喜,争持牛羊酒食献飨军士,而刘邦则辞让不受,说:“仓粟多,非乏,不欲费人。”这样一来,人又益喜,他们终于消除了对刘邦的怀疑和戒备,唯恐沛公不为秦王。这样,刘邦在未来与项羽对关中的争夺中,已经棋先一着了。所以,人们也就会拥护刘邦为秦王了。这是一种政治谋略,与辜老先生是不同的。

辜鸿铭的正直,还有个故事。有一次,辜鸿铭应邀出席湖北自强学堂的开学典礼,全省官员以及教员、学生百余人参加,气氛郑重。典礼开始时,学堂监督梁鼎芬就将事先准备好的一篇颂词交给一个日本归国留学生站在台前高声朗诵。内容是对上至张之洞总督、下至学堂的各级上司歌功颂德的陈词滥调。其颂词之谄谀肉麻,令在座的辜鸿铭浑身不自在。让他想起来,这不是很像追悼死人的祭文吗!等到那位留学生朗诵完毕,辜鸿铭马上接着大声地喊了一句:

“呜呼哀哉!尚飨——”让整个会堂哄笑如雷,肃穆慷慨的气氛荡然无存。

这就是这位怪先生的正直和绝妙的讽刺术。那些在场的衮衮诸公不一定都喜欢那些阿谀之词,但是只有辜鸿铭敢于公开抗争,这也算他的不同凡响。

第八节 熊十力绝唱，“天上地下，唯我独尊”

熊十力(1884—1968)是著名哲学家，新儒家开山祖师，国学大师。原名继智、升恒、定中，号子真、逸翁，晚年号漆园老人。湖北省黄冈市人。熊十力 14 岁从军，1905 年考入湖北陆军特别小学堂，其间加入武昌“科学补习所”“日知会”等反清革命团体，武昌起义后参加光复黄州活动，后赴武昌，被任命为湖北军政府参谋。1917 年赴广州参加孙中山领导的“护法运动”，失败后专心从事哲学研究。先后在武昌文华大学、天津南开中学、北京大学、浙江大学任教。新中国成立后，以“特别邀请人士”身份参加首届全国政治协商会议，后被选为全国政协第二、三、四届委员。著有《新唯识论》《原儒》《体用论》《明心篇》《佛教名相通释》《乾坤衍》等书。

◎ 熊十力

1911 年冬天，辛亥革命刚刚成功。熊十力与吴寿田、刘子通、李四光三位黄冈同乡青年在武昌雄楚楼聚会。四人意气风发，同抱大志。于是共出一纸，各言所怀。

吴寿田写诗一首："问君何故居碧山，笑而不答新自闲。高山流水渺然去，别有天地非人间。"他并不是记不准，显然是活用了李白诗："问余何事栖碧山，笑而不答心自闲。桃花流水杳然去，别有天地非人间。"他改了几个字，正好说出此时此刻的心境。"笑而不答"是一种生活态度，也是禅思的境界。

刘子通写道："持而不有，为而不恃，成功而弗居。若有心，若无心，飘飘然飞过数十寒暑。"对待人生也够得上潇洒。追求理想，并不执意，只求自然地对待生命。

李四光则写道："雄视三楚。"他讲得很具体而且有执着的追求。不敢说名振华夏，也可以声震一方。李四光留学英国，后来成了著名的地质学家。

最后，熊十力写下："天上地下，唯我独尊。"

这四人所写基本反映了他们以后的人生道路。熊十力则沉溺于学问，最后成了著名哲学家。熊十力的话用了两个成语，出于佛经。释迦牟尼佛出生在印度。在印度的四个社会阶级中，佛陀是属于统治阶级。佛陀出生的时候，就能够一手举天、一手指地，讲了一句话："天上地下，唯我独尊。"这句话并不是吹牛，就是说：每一个人都具备清净无染的佛性法身。这是天上地下最殊胜的宝藏，所以不可以妄自菲薄。我们出生在人间就为了一件事，就是来学习认识生命，来学习跟众生结善缘。这样说，几个人中熊十力说得最好。

第九节 潘光旦幽默，“四体投地”

潘光旦1899年生，是一位社会学家、人类学家。他因在校参加体育运动受伤，不幸截肢，成了一条腿，靠拄拐行走。但是他照样于1922年赴美留学，先在新罕布什尔州达茂大学学生物学，1924年获得学士学位后，又到纽约州优生学记录馆从事人类学及优生学研究工作。1925年秋天，他又进入哥伦比亚大学研究生院主修动物学、古生物学及遗传学。1926年夏获硕士学位后，进入麻省海滨生物研究所学习单细胞生物学。留美回国后曾在上海几个大学任教，1934年到了清华大学为教务长和图书部主任。在清华时，潘光旦因缺了一条腿，走路只能撑着两根木拐杖。他的朋友徐志摩曾戏言胡適、潘光旦为“胡圣潘仙”。说“潘仙”即指潘光旦可似名列八仙之一的铁拐李。

◎ 潘光旦

潘光旦1946年任西南联大社会学系主任和教授，并且为图书馆馆长。他经常发表演讲，言语风趣，极为叫座。有一次演讲时，他谈到孔子，说："对于孔老夫子，我是佩服得五体投地的。"说着，他朝自己身上看了一眼，又说："讲错了，应该是四体投地。"同学们大笑。

他的工作得到了学生的肯定和敬佩，他的风趣和幽默使得学生特别喜欢他。

第十节 张作霖霸气，"寸土不让"

在民国史上，张作霖和少帅张学良都是风云人物。张作霖（1875—1928），字雨亭，汉族，辽宁省海城市小洼村人。人称张大帅。自小出身贫苦农家。张作霖后成为北洋军奉系首领，是"北洋政府"最后一个掌权者，号称"东北王"。1928 年 6 月 4 日发生皇姑屯事件，他乘火车被日本关东军预埋的炸药炸成重伤，当日送回沈阳官邸后即死去。

◎ 张作霖像

1927 年 6 月 18 日，张作霖在北京就任北洋军政府陆海军大元帅，代表中华民国行使统治权，成为国家最高统治者，并组成北洋军阀统治时期第 32 届也是最后一届内阁，成为北洋军政权最后一个统治者。

1928年4月,在蒋、冯、阎、桂四大集团军的攻击下,奉军全线崩溃。6月,张作霖退出北京,回到了东北的白山黑水之间。但是他对日本人的各种要求均拒不合作。一次,张作霖应邀出席日本人的酒会,即席一位来自日本的名流力请大帅墨宝,那人知他出身绿林,识字不多,明明想当众出他的丑。但张作霖抓过笔写了个虎字,然后题款"张作霖手黑",回席落座。那人看了"手黑"笑出声来。随从连忙耳边提醒,"大帅写的'手墨'的'墨'字,下面少了个'土'成了'黑'了。"哪知张作霖瞪眼睛骂道:"妈那个巴子的!我还不知道'墨'怎样写?对付日本人,手不黑行吗?这叫'寸土不让!'"说得真好!这是识字不多的人运用成语却恰如其分的好例子。

第十一节 杨葆初故事,"盗亦有道"

盗亦有道,就是说偷盗人也有自己的规矩。杨葆初,字寿昌,四川成都人,祖籍江苏常州。

光绪年间,杨葆初(寿昌)为黄冈知县。为官数年,正直清廉,有口皆碑,全境几乎没有发生过盗窃案。当他即将离任时,乘上小轿往路口向友人辞行。可是才一出城,突然轿帘一闪,鼻梁上的眼镜竟然不翼而飞。杨葆初觉得奇怪,但是默然不睬。后来他挂冠上省城,随带的行李也只有箱笼十余袋在船里。才出三江口，箱笼蓦然不见了踪影。他的家人要向新县令报案。杨葆初制止说：“不必了，失物正自暴露。这是本人以前教化不良耳，于新县令何干！”

◎ 杨葆初

但是毕竟心里怏怏不乐，便催舟到达武汉，下了码头，即见所失箱笼全部如数摆放在岸上了。杨举目四顾，未见一个人影，却见到了留下的一张字条说：“公做官数载，只余书籍十余箱，亦足见我公之清廉矣。前窃眼镜一副，兹特一并奉还。”还说：“公在任时，非我辈不能为盗，为我公之清名所感耳。”杨寿昌阅毕笑顾左右说：“小子志之，盗亦有道。”

这也不知道是不是真的。但是据说他辞官后住在武昌，赁屋两间留居，以卖字为生。杨葆初酷爱苏东坡书法，也是个书法家。

参考书目

1. [法]A. J. 格雷马斯著,蒋梓骅译:《结构语义学》,百花文艺出版社,2001 年。

2. [法]孔狄亚克著,洪洁求、洪丕柱译:《人类知识起源论》,商务印书馆,1989 年。

3. [法]卢梭著,李常山译:《论人类不平等的起源》,商务印书馆,1962 年。

4. [法]让－雅克·卢梭著,洪涛译:《论语言的起源》,上海人民出版社,2003 年。

5. [德]J. G. 赫尔德著,姚小平译:《论语言的起源》,商务印书馆,2009 年。

6. [古希腊]柏拉图著,王晓朝译:《柏拉图全集》,人民出版社,2003 年。

7. [德]尼采著,钱春绮译:《查拉图斯特拉如是说》,生活·读书·新知三联书店,2007 年。

8. [英]弗兰西斯·培根著,水天同译:《培根论学文集》,商务印书馆,1983 年。

9. [法]蒙田著,潘丽珍等译:《蒙田随笔全集》,译林出版社,1996 年。

10. 《新编诸子集成》,中华书局,1990 年。

11. [汉]司马迁著,《史记》,中华书局,2010 年。

12. [汉]应劭著,王利器校注:《风俗通义》,中华书局,1981 年。

13. [元]脱脱等撰:《宋史》,中华书局,1977 年。
14. 李昉等编:《太平广记》,中华书局,1961 年。
15. [清]李渔著,立人校订:《闲情偶寄》,作家出版社,1995 年。
16. [明]郎瑛著:《七修类稿》,上海书店出版社,2001 年。
17. 蓝吉富主编:《五灯会元》,《禅宗全书》第 7、8 册,文殊出版社,1988 年。
18. [清]吴楚材编:《古文观止》,中华书局,2008 年。
19. [宋]郭茂倩辑:《乐府诗集》,上海古籍出版社,1993 年。
20. [梁]刘勰著:《文心雕龙》,人民文学出版社,2002 年。
21. [清]张南庄著,刘半农注:《何典》,人民文学出版社,1981 年。
22. [清]不署撰人:《飞跎全传》,华夏出版社,1995 年。
23. 钟敬文主编:《民俗学概论》,上海文艺出版社,1998 年。
24. 朱光潜著:《朱光潜美学文集》,上海文艺出版社,1982 年。
25. 闻一多著:《闻一多全集》,三联书店,1982 年。
26. 余惕君著:《成语禅解》,上海人民出版社,2010 年。
27. 汪荣祖著:《书窗梦笔》,中国人民大学出版社,2007 年。
28. 美国不列颠百科全书出版公司编辑,陈嘉映等译:《西方大观念》,华夏出版社,2007 年。
29. [英]达尔文著,潘光旦、胡寿文译:《人类的由来》,商务印书馆,1997 年。
30. 王国维著:《王国维全集》,浙江教育出版社,2009 年。
31. [法]帕斯卡尔著,何光武译:《思想录》,商务印书馆,1995 年。
32. [英]洛克著,关文运译:《人类理解论》,商务印书馆,1997 年。
33. 方立天著:《佛教哲学》,中国人民大学出版社,1986 年。